COSMIC
GARDEN
VISION INFINITY

The Portal to Cosmic Consciousness

書評

「《指導靈的智慧》是一本美好、實用又溫暖的書。作者在書中鼓勵我們和靈界的盟友建立深刻的連結，藉以感受他們的愛與支持。此外，他也說明了我們和靈界連結的最佳方式。」

——桑妮雅．喬凱特（Sonia Choquette），紐約時報暢銷書《*Your 3 Best Super Powers*》作者

「詹姆斯．范普拉很擅於闡述能夠撫慰、激勵人心的洞見與真理。《指導靈的智慧》充滿暖心的故事、深刻的見解以及有趣的練習，這本書讓我們明白，我們在這一趟穿越時空的絕妙探險之旅中並不孤單。」

——麥克．杜利（Mike Dooley），知名心靈勵志演說家和作家，《地球人生》、《來自外太空的愛》作者

「詹姆斯．范普拉在他的新作《指導靈的智慧》中告訴讀者，我們都能接觸到自己內在與超越自己心靈世界的更高存有。他教導我們如何覺察自己與指導靈的關係，以便感受到更多的支持與啟發，並更進一步發揮自己的潛能。這是很美好的作品。我非常喜歡這本書，也願意將它推薦給所有想在靈性上成長的人。」

——賈碧．伯恩斯坦（Gabby Bernstein），紐約時報暢銷書《宇宙就是你的靠山》（*The Universe Has Your Back*）作者

「《指導靈的智慧》是目前關於指導靈的書籍中最詳盡的一本。如果你想了解你的指導靈以及他們給你的訊息，這本書是你最好的選擇！書中提供了一套循序漸進、人人都可上手的方法，讓你學會如何聆聽來自指導靈的祕密訊息。我大力推薦這本書！」

——丹妮絲．琳恩（Denise Linn），國際知名講師暨暢銷書《能量校準》、《*Kindling the Native Spirit*》作者

WISDOM FROM YOUR SPIRIT GUIDES

A Handbook to Contact Your Soul's Greatest Teachers

認識你的指導靈團隊
與連線靈魂導師的實用手冊

指導靈的智慧

詹姆斯・范普拉（James Van Praagh）著
蕭寶森 譯

園丁的話

我常覺得，人類的教育需要改革。
像這樣的一本書，還有討論生命意義和認識我們內在力量的書，
應該要納入學校教學課程的體系。

人們從小就應該要能接觸到有關自己的真相的知識，
有關我們是神的火花，
我們真正的身分是靈魂，
有關我們來到地球的原因和目的，
有關宇宙的美麗、奧妙、神奇和無限……

謝謝我的議會，謝謝我的指導靈團隊和所有的天使們，

謝謝你們總是以非常微妙的方式，讓我知道我並不孤單。
謝謝你們在進行每本書的過程中的陪伴，
謝謝你們讓我經常感受到身為宇宙的謙卑管道的喜悅。

願這本書，能夠為讀者的人生帶進更多的愛與智慧。

目錄／

致 Gabrielle O’Conner：

感謝你擔任我的人間嚮導，也謝謝你慷慨的

和我分享你的智慧，並給我許多友誼與愛。

我的生命因為有了你而更形豐富。

前言

這本書起源於靈界。那裡是我們真正的家，也是我們從「人世」這所學校結業後回歸之處。由於人世的路途不免有著各種艱難險阻，於是我撰寫此書，提供來自靈界的洞見與指引，希望協助大家走在這條路上不致疲憊困頓，或許還能輕鬆容易一些。

你可以把這本書當成說明書，做為你在人生旅途的參考資料。探索無形界域的這條路人跡稀少，許多人望之卻步，而我們都想知道探索的祕訣。我非常樂於和各位分享我數十年來向指導靈學到的無形界奧秘。真希望在我剛開始學習成為靈媒時，就能獲得這樣的資訊。

我之所以會動念撰寫此書是源於一次示範活動。當時，一位聽眾問我靈界可能會提供什麼樣的「線索」幫助她解決問題。事實上，這是很常見的疑問，我雖然已經回答過很多次了，但在那一刻之前，我從未覺得自己的答覆不夠詳盡。於是，當晚我便利用靜坐冥想的時間和靈界溝通，請他們協助我提供必要的建議，好讓人們的人世經驗能更加充實和受益。我在本書分享的就是他們當時的回答。其中有些資訊並不容易消化和理解，但他們往往會以我個人的生命經驗為例來說明我們要學習的課題。換句話說，他們會讓我看見自己生命中與他們的教導有關的事件，這樣我才比較容易理解他們想要凸顯的訊息。

本書一共分為四篇，讀者們可以隨時選擇自己當下所需要的部分閱讀。第一篇的內容是描述指導靈，包括他們來自何處、做些什麼。我們在生命中的各個階段乃至每一世，身邊都會有許多指導靈。我將說明不同的指導靈協助我們的方式。在第二篇，我會逐一談到每種指導靈以及他們在我們生命裡的意義。在第三篇，我將分享我的指導靈對各種生命情境的洞見。我在這幾章會談到他們如何透過我過去的經驗來強調所傳遞的訊息，好讓我充分理解課題的精髓。我也為有習慣（或興趣）使用神諭卡的人設計了一套名為「指導靈轉化卡的訊息」（*Messages from the Guides Transformational Cards*）的卡片，內容包括指導靈給我的四十四則訊息和第三篇談到的九個最重要的課題。最後一篇談的是如何接觸你的指導靈，並確保你不會接收到不好的能量。就像學習任何事物一樣，你需要不斷練習才能和你的指導靈連結。在應用書裡的步驟連線指導靈的過程當中，你需要對自己有耐性，畢竟，你的指導靈對你向來也都很有耐心。

縱使我們在這個過程中盡了力，仍不免會有跌跌撞撞或遇到瓶頸的時候。我們必須敞開心，願意接受來自靈界的訊息。然而，我們的較低階意識，也就是「小我」，往往會懷疑我們努力從靈界汲取智慧的做法，也因此造成阻礙。如果你能堅持下去，克服困難，進入你的較高意識，並放下對自己和他人的論斷與批判，那麼你無論做什麼都會感受到更多的平靜與和諧。

透過運用書中的建議，你將逐漸體認到：無論是在你內心或超越你的心靈的世界，有那麼一個更高的存在會給你力量，幫助你在靈性上進化。而且，世上沒有任何一件事是偶然的。你之所以來到這個世界，是為了一個明確的目的，而它遠比任何有形、物質上的目標更重要。

哲學家魯道夫．史代納（Rudolf Steiner）在他的著作《*The Way of Initiation*》中表示：「尋求更高智慧的人必須在自己的內心產生這樣的智慧；他必須將它融入自己的靈魂。這樣的智慧無法透過研讀獲得，只能透過生命經驗汲取。」

從現在起，睜開你的靈性之眼來生活吧！你將開始覺察到周遭那些不可見的力量。你從靈界獲得的知識將改變你的整個生命，使你在各方面都變得更有力量。

第一篇

指導靈

第一章　什麼是指導靈？

歡迎來到指導靈的廣大世界！我們的指導靈形形色色，不可勝數，有些可能從來不曾化身為人，有些則是我們已故的親人和朋友。無論是哪一種，他們都很希望能幫助你的靈魂進化，因此他們會以個人老師的角色，在你的人生當中帶給你啟發、影響、激勵、保護與指引。

在這些指導靈當中，有許多已經陪伴了你好幾世，有一些則只出現一世，或是出現在你生命中的某一段時期，甚或某個瞬間。他們是我們的朋友，協助我們實現人生目標。也有些只在我們遇到困難、感到惶恐不安時前來安慰和鼓勵我們。

每一個人都能和自己的指導靈連結。事實上，這類靈魂和靈魂的連結時時刻刻都在發生，只是大多數人並未察覺。比方說，當你想到一位過世的摯愛親人時，你可能以為是你主動想到他/她的，事實上，更有可能是他/她（透過你的指導靈的幫助）把這個念頭傳送給你。舉個例子，有一次，我的朋友潘慕買了一輛新的敞篷車。幾個星期後，她告訴我：「我的琴恩阿姨在世時曾經有好幾輛敞篷車。我在買那輛車的時候並沒有想到她，但現在，每次一開車，那些已經塵封好幾十年的關於她的美好回憶都會浮現腦中。我實在不知道是哪一件事讓我更快樂？是車子本身？還是我一邊開車一邊想她時所感受到的那種幸福？你認為我是不是因為在潛意識受到她的影響才會買那輛車？」

我相信你們一定都能猜得到我當時是怎麼回答她的。也因為那次的對話，讓我更想要寫一本有關指導靈的書。事實上，我一直被問到有關指導靈的問題。當人們詢問我的通靈程序時，我總是告訴他們，我會接觸到哪個亡靈是由我的指導靈決定的。在開放觀眾提問時，也經常有人問我：

- 每一個人都有指導靈嗎？
- 你能不能透露我的指導靈是誰？
- 你知不知道我的指導靈是什麼樣子？
- 我要怎麼跟我的指導靈接觸？

儘管如此，我卻不曾動念要寫一本有關指導靈的書。但現在，我的想法有了改變。

因此，如果你想知道我對上述問題的回答，我可以告訴你：

- 是的。
- 不行，那是你在靈性探索、認識指導靈的過程中，自己要去找尋的答案。
- 不知道，那是你在靈性探索、認識指導靈的過程中，自己要去找尋的答案。
- 你要透過練習，提升你的振動頻率與他們相會。希望這本書在這方面會對你有所幫助。

指導靈

我個人對「指導靈」的定義為：他們是一群你在投生人世之前就精挑細選出來的靈體，而他們，你的「靈魂團隊」，也答應了要在這一世指引你。指導靈居住在靈界的各個層級和次元，而且通常是透過思想意念及感受溝通。

你的指導靈很可能是你在靈魂次元的時候，曾經指引過的人（你那時在靈界，而他們在人間）。在我們靈魂持續進化的過程中，「指導者」和「被指導者」的角色會一再互換。這是很有道理的，尤其如果你目前的指導靈裡面有一位（或多於一位）是你的已逝親人的話。因為在我通靈時，曾經有許多現身的亡靈表示：他們在靈界遠比在人世的時候更能有效指引親人走上正確的方向。

我記得當我母親剛去世時，我曾請我的靈媒導師布萊恩．賀斯特（Brian Hurst）為我通靈。他把我的母親從靈界請來後，說她將會擔任我的指導靈一段時間。「為什麼？」我問他。

「因為你的母親覺得她在世時並沒有完成她對你的工作。她原本是要幫助你開發你的通靈力，但她在當時的社會氛圍不敢這麼做。現在她想履行承諾。她要從靈界協助你。」

後來我在發展通靈能力的期間，我都能感覺母親始終在我身邊，而且我知道，在擴展我的靈性意識方面，她扮演了很重要的角色。隨著我對靈界的覺察力愈來愈敏銳，並且開始信任自己的直覺，我只要心裡想著母親，立刻就會感受到一陣清涼的微風吹拂過我的頸背，有時則是聞到她的香水味。

我記得有一次，我開著租來的車子要去參加活動，但途中迷了路（那個年代還沒有導航設備）。正當我不知何去何從時，突然間有輛卡車從我身邊開過，車身上正好有我母親的名字「瑞吉娜」（Regina）。當下我便知道那是她捎來的信號。我相信只要跟著那輛卡車，我就可以找到前往目的地的路。果真，我的直覺正確無誤。從此之後，我便陸續覺察到來自母親的許多訊息。她透過這些訊息告訴我：她就在我身邊，而且隨時都會幫助我。

事實上，我們那些已經到了靈界的親友都很樂意在他們能力所及的範圍內助我們一臂之力。就像我母親一樣，他們會以我們能夠理解的方式讓我們意識到他們就在身邊，例如透過照片、珠寶、紀念品或他們生前喜愛的自然景物（如鳥兒、蝴蝶或花朵）傳遞訊息。有時我們也可能會看到他們的名字出現在廣告看板、商店的招牌，或是街上的告示上。只要在日常生活中多注意觀察身邊的事物，你就能逐漸認出來自你的指導靈的信號或暗示。

指導靈透過能量和我們溝通。由於他們的振動頻率較高，我們必須學習提升自己的能量，以便接收他們的訊息。我會在本書的最後一篇談到如何提升能量。當我們透過向內覺察來提升能量，我們就能有意識地察覺到指導靈的存在。

指導靈知道我們在平常的意識狀態下可能很難覺察到他們，因此他們往往會進入我們的夢境，並以歷史人物、奇幻故事的角色，甚或動物的模樣現身。如果他們想要傳達一個重要訊息，你可能會有一段時間一直重複做同一個夢，直到你了解了那個訊息為止。事實上，那些已經到了靈界的摯愛親友幾乎都會來我們的夢裡探視我們。請準備一本日誌寫下每天所做的夢，這會幫助你記得夢境內容以及你的指導靈和靈界的親友想要告訴你的訊息。

要感應指導靈的存在，我們必須先認識自己。有一句話是這麼說的：「我們是正在體驗人類經驗的靈性存有」。如果你想和你的指導靈連結，你就必須信任靈界。一旦你明白所謂的「靈界」並不在高高的天上，而是在你的身邊，你真的沒有什麼好害怕的。我們必須訓練自己的心靈，讓自己能夠有意識地覺察到指導靈及靈界的摯愛親友。隨著我們學習如何與指導靈互動，我們會對自己更有信心，也會因為有他們相伴而更感安慰。即使我們沒有在意識上覺察到他們的臨在，他們也都會一直在我們身邊支持和指引我們。不過，如果我們能有意識地覺知到他們的智慧，那就再好不過。而這正是本書的重點。

你會從這本書裡知道，我們每個人都有好幾個指導靈。你可以決定是否需要知道所有指導靈的名字、他們各自以何種方式協助你，又是如何呈現自己。不過，如果你能認識至少一個指導靈，知道他們偏好的名字、以何種面貌出現，對你會很有幫助。

人間嚮導

我們往往認為只有住在靈界的靈魂才會是指導靈，但事實絕非如此。你的朋友、鄰居、親戚乃至陌生人，都有可能是你在人間的指導靈（編注：不要受限於「靈」這個字，話說我們也都是靈魂）。我們可以稱他們為人間嚮導。「人間嚮導／指導者」（Earth Guides）在意識上並沒有覺察或意識到他們是來指引你的，但我百分之百相信，你的靈魂在投生人世之前，就已經和他們約好要彼此協助。或許你曾經偶遇的某個人，讓你開始思考自己的某個面向，而那是你從不曾思考過的。或許某人不經意或順便提到的某些話或某件事，使你成為今天的你。而如果沒有遇到那個人，你的命運將會大不相同。或許你兒時的某個朋友永遠改變了你的人生。我很幸運，因為我正好有這樣一個朋友。

八歲那年的某一天，我奉學校之命在社區裡推銷雜誌。當我正要過街去拜訪最後一戶人家時，有輛紅色的雪佛蘭汽車朝著我開來，然後就停了下來。

「嗨，小夥子！」我聽到一個女子大聲喊著，不禁嚇了一跳。我轉頭一看，她正熱絡的向我招手，示意要我過去。我走上前，是一位有著深褐色頭髮，年紀與我母親相彷的陌生女子。她示意我更靠近些，去跟她握個手。「我是康妮．雷芙（Connie Leif），剛剛搬到這裡。我有個兒子和你差不多大。你想不想認識新朋友？」

康妮給人的感覺很親切，我立刻就喜歡上她。她那溫暖的態度讓我很有安全感，更何況她把我當成大人看待。「好啊。」我說：「我想認識新朋友。」

「他叫史考特。我們就住在附近。這輛車以後會停在我家的車道。希望很快能見到你。」康妮說完就踩下油門，開車離去，一邊開還一邊揮手向我道別。她那開心的模樣真是令人難以抗拒。

於是，我很快就和她的兒子史考特成了玩伴。奇怪的是，我之所以想和史考特做朋友，有一部分是因為我很喜歡和康妮相處。我感覺她很關心我，而且總是鼓勵我。她就像是我的第二個母親。

在我成長的過程中，我經常和她一起坐在廚房的餐桌旁討論生命以及人情世故，往往一聊就是好幾個小時，而且無話不談。現在回想起來，她必然是我的人間嚮導之一。沒有她的洞察力和支持，我也不會相信自己的能力。我還記得她常告訴我：「傑米，你要努力去追求你的夢想，飛到天上去把星星摘下來。如果你不小心掉下來，我會把你接住的！」

人間嚮導會在最完美的時間進入你的生命，對你說出你當下最需要聽到的話，並因此對你的人生產生深遠、無可估量的影響。有些人把這類機遇稱為「意外」或「巧合」，但我並不認同。我認為你會遇到什麼樣的人與事件都已經寫在你投生之前的生命藍圖上（你的指導靈協助你擬定這份藍圖）。你若能體認所遇到的人和事件都是讓你得以學習的工具，你就能領受到這個福份。

指導靈就在我們身邊

無論你的指導靈是在世之人還是住在靈界，你必須了解他們之所以來到你的身邊只有一個目的：使你現世的旅程得以圓滿。至於什麼樣的人生才叫圓滿，答案因人而異，你必須自己去探究。你生命裡所發生的每一件事，都是你的靈魂要學習的課題，它們是神聖計畫的一部分，目的是為了你的靈性成長。

人世的道路總有困難險阻，因此我們的靈魂也會面對艱難的功課。學習不會永遠都是輕而易舉的，如果太容易也就沒有什麼價值了。我們要記得：無論面對哪一方面的問題，無論在成功得意還是失望憂傷的時刻，我們都可以從指導靈那裡得到指引。不要專注在不如人意的事情，也絕不要把好事視為理所當然。有時被我們視為失敗或悲劇的人生事件，事實上可能對我們的靈性成長大有裨益。

每一件事都有它的原因，就算我們當時並不了解。舉例來說，有一天早上你睡過頭了，以致有個會面遲到。你因此很懊惱自己沒有設定鬧鐘。但與其懊惱，不如這麼想：你之所以遲到，或許是你的指導靈的精心安排，目的是防止某件事情發生。好幾年前，我在紐約州萊茵貝克鎮（Rhinebeck）的歐米茄學院（Omega Institute）任教時就發生過這樣的情形。

那天，我預定要在下課後和另一位老師一起跟我們的共同友人共進晚餐。要到那家餐廳一定會經過哈德遜河上的一座橋。但就在車子快開上橋的時候，我伸手進口袋摸了摸，發現我把手機留在教室裡了。於是我們只好掉頭回去。等到我們再度上路前往餐廳時，已經比預定時間遲了大約十五分鐘。當我們總算開到上橋處，只見前面的車子通通亮著紅色的尾燈，交通陷入停頓的狀態。在等待的時候，我們得知橋頭發生了一樁死亡車禍。當我們問起車禍發生的時間，對方告訴我們是在十五分鐘之前。

所以，我們是不是因為回去拿手機才逃過一劫？是不是有個指導靈故意讓我把手機遺忘在教室裡？我不知道。但我知道從靈性的觀點來看，沒有一件事是偶然的，而且我確實相信神聖的干預，也就是神聖的力量會介入人間的事務。由於我不該在那個時間出現在那座橋上，或許我的指導靈就因此介入。是否如此，也許無法確知，但我的直覺告訴我：是我的指導靈讓我倖免於難，因為橋上的車禍並不在我的生命藍圖裡。

打從我們出生在人世的那一刻開始，這群看不見的支持團隊就一直在我們身邊協助和照顧我們。即便面臨再大的危難，我們永遠不是孤軍奮戰。有很多指導靈在身邊鼓舞我們振作並相信自己，或是幫助我們看見某個已被自己遺忘的特質，從而增強我們勇往直前的決心。

指導靈會在我們身邊陪伴多久？

經常有人問我：**我們的指導靈會陪伴我們多久？是不是在所有轉世我們的指導靈都是同樣一群**？由於我們的靈魂能量一直在變化、擴展和體驗的過程當中，我們的指導靈也會不斷更換和進化。一個指導靈會在我們身邊待多久，完全取決於我們的靈魂層級以及我們要學習的課題。

「物以類聚」是放諸宇宙皆準的法則。你的意識層級到什麼程度、可以發揮怎樣的潛能，就能吸引到怎樣的指導靈。由於人生有著各式各樣的體驗，你的指導靈會互相配合以確定你能完成課題。有些指導靈每一世都會陪伴你，而有些（專家指導靈）則是因某個特定目標或任務而來到你身邊，工作完成後他們的角色就不那麼重要，這都取決於你所要學習的不同課題。

就如在這個社會，我們之所以會雇用某人，是因為他／她有能力完成某件工作，指導靈也是，每個指導靈都具有某項專長，當你需要相關協助時，他們會被吸引到你身邊（很可能只是因為他們有你需要的技術）。每一個安排都是為了配合和幫助你達到今生的目標。舉個例子，當你決定要彈奏鋼琴時，必然有許多項目需要學習，例如識譜、鍵盤位置、按鍵技巧、速度的掌握、樂音的辨識等等。於是，你請了一位鋼琴老師指導。在此同時，你也會吸引靈界中某個專精此領域的指導靈前來幫助你發揮潛能。當任務完成，就如你人間的鋼琴老師一樣，這位特定的指導靈就功成身退，讓你去迎接不同的挑戰。

指導靈是被指派的嗎？

當靈魂決定要投生在實體次元時，它會開始為它在人間逗留的這段時光預做準備。這時被稱為「乙太議會」（etheric council）或長老（the elders）的神聖存在體會給靈魂忠告和充滿愛的建議。乙太議會負責管理、輔助及影響靈魂在地球人世進化的整體方案。這些高度進化的存在體已不再需要投胎人世，他們擔任的是顧問的角色，以他們的智慧來指引正在發展中的靈魂。

「乙太議會」的第一個任務是確保靈魂在適當的時間點進入它的新人世。議會會考量那個靈魂的業力、學習模式，以及地球是否存在適當機會可以提供那個靈魂所需的特定發展。有一次，我在冥想中得知「乙太議會」在我進入人世前便指派了好幾位指導靈給我，而且他們都很熱切的想承擔這份工作，因為他們希望能和我分享他們的知識，透過我來影響別人，而他們本身也能因此成長。

「乙太議會」是由高度進化的靈魂組成，議會以他們的智慧與經驗協助你擬定人世的藍圖，但請不要把他們想成裁判或權威人物。他們的角色是顧問，而且以你的最佳利益為前提。只要對你是好的，有幫助的，他們都樂觀其成。他們協助你擬定一份最能幫助你的靈魂進化的藍圖，並安排一組最能幫助你實現這份藍圖的指導靈。

我很樂於接受我的指導靈的協助，因為他們會為我說項、和我互動、告訴我未來可能發生的事，並提醒我某些情況可能在物質和心理層面衍生怎樣的影響與結果。有了他們的協助，我因此能幫上其他人。

神聖契約

有些指導靈在我們身邊可能是因為許多其他原因，我必須承認我這個凡人腦袋不是能完全理解所有的細節。不過，根據我和靈界合作的經驗，我相信一個靈魂在投胎之前，相關的各方都同意要履行一份「神聖契約」。「神聖」這個字在這裡有「蒙福」和「莊嚴」之意。

神聖契約涵蓋了這次人世的「命運點」（destiny points）。「命運點」指的是我們在今生的一些時間點所能運用的絕佳機會。我們因為有許多靈魂課題未能在先前的人世圓滿完成，因此「乙太議會」協助我們擬定了一份藍圖，讓我們有機會在這世完成靈魂的課題，而命運點就是我們的指導靈出馬協助我們的時候。他們會幫助我們認出這些時刻，並影響我們運用自由意志、信念和對自我的信心，把握住那些能幫助我們學習和成長的機會。

我們和指導靈之間的關係是互惠互利的，因為透過協助我們這一世的發展，指導靈本身也會成長。無論有無肉身，我們和他們都有一個共同目標：在靈性上進化。一旦生命藍圖成形，你的指導靈會幫助你和你的靈魂家族決定你們在即將到來的這世所要扮演的角色。角色的選擇取決於許多因素，但其中最主要的是履行業力責任，同時也創造讓所有相關靈魂都能成長和進化的環境。如果你的生命藍圖是只專注在靈魂的進化，那當然是最理想，然而業力（因果法則）通常扮演重要的角色，因為你前世的言行會影響你的來世。當你愈能有意識地覺察到你的指導靈的智慧，你在來世藍圖所需處理和解決的業力就會愈少。

在來到人世之前，我們先選擇了由誰來扮演這一世的母親、父親、手足、配偶和子女。這些角色通常是由我們靈魂家族的成員來扮演，而且會是對所有人都有助益的安排。但偶爾也會由家族外的靈魂出任。

我的丈夫布萊恩在遇見我之前曾經找人做過解讀。那位靈媒說她很少碰到像他這麼「特立獨行」的靈魂。她說這樣的靈魂不屬於某個靈魂家族，他們就像「自由球員」，同意在別的靈魂投胎時扮演他們生命中的某個角色，因為他具有那個靈魂家族所缺乏的一些特質。布萊恩當時並不明白她的意思，幾年後，他告訴我這件事，我完全相信那位靈媒所言。我認為我的指導靈團隊對我有特別的規劃，由於我會成為世界知名的靈性導師，他們需要一個能夠配合及因應這樣生活的人來擔任我的配偶。這個安排顯然非常有效，因為布萊恩若不曾出現在我的生命，也就不會有你們現在正在閱讀的這本書了。

不過，這些安排並非一成不變，靈魂在來到人世之後，如果決定要修正路線，都還是有改變的空間。最高階的指導靈所幫助的對象不只個人，也包括整個靈魂團體。因此，隸屬同一個靈魂團體（譬如一個家庭）的人往往會有同一個或數個指導靈。此外，同屬一間公司、學校或特別活動的人也共享一組指導靈。我以前和其他幾位靈媒參加通靈聚會時，就有一個指導靈團隊與我們合作，提升我們的超感官能力。

請記得，「神聖契約」裡的任務是要物質次元和精神次元的靈魂一起合作，實踐人生旅程的特定時刻。在這個過程當中，不但我們能夠學習，其他靈魂（包括我們不認識的）也能學到更多的愛、了解並提升意識。我們和指導靈之間的連結遠遠超乎了人類有限的頭腦所能理解。

指導靈永遠在學習

人們有一個錯誤的假設，認為靈魂到了靈界之後就不再學習了。這絕非事實。靈界的指導靈從來沒有停止學習。他們在我們生命的關鍵時刻對我們產生影響的同時，也在學習並增進他們做為指導靈／老師的能力。

當靈魂的靈性意識到達高階時，他們的才能在靈界也已眾所周知。做為指導靈，他們會被分派相符的職責，以自己的專長來幫助我們。靈魂會透過許多不同的管道學習，而最終，我們都將到達同樣的終點，那便是獲得靈性的圓滿。

我相信許多空間、星系和次元都是學校，而地球只是眾多的學校之一。這裡有許多多進化的靈魂、年輕的靈魂，還有介於兩者之間的靈魂，因此地球充滿了學習的機會。此外，由於人世有著各種不同程度的信仰、原型與行為模式，因此也充滿對靈魂的測試，而最終，靈魂都必須進步。雖然我們的指導靈可能是高度進化的靈魂，但他們永遠都願意繼續學習。你或許會很驚訝，但在某些情況，你的指導靈從你身上學到的可能比你從他們學到的還要多。

第二章　指導靈住在哪裡

我曾經請靈界描述他們對地球人世的看法，他們的回答讓我至今仍驚訝不已。他們說：「詹姆斯，相對於浩瀚繁多的星球、天界、宇宙和『界中界』（worlds within worlds），你們的世界只不過是海灘上的一粒沙子罷了。」這個概念對人類的頭腦來說實在難以想像，我希望你們在試圖理解指導靈所居住的各個層級和世界時，能記得這點。

我剛開始學習與靈界溝通時，曾經做過一個夢，至今記憶猶新。在夢中，靈體以人類腦袋可能理解的方式向我顯示靈界的結構。它看起來就是一個倒三角形，請想成是一個倒過來的食物金字塔。位於底部塔尖的是人類生命以及跟地球相關的一切。在這層上面是我們看不見的幾個層級，靈魂和指導靈就居住在這些層級。再上層是較高階指導靈的所在。更高一層則是先知、已揚升的大師和天使。愈往上，那有如浩瀚網絡般的「界中界」便呈指數增加。在我們試圖了解這些層級時，務必要明白一點：靈界的層級與層級之間並不像人類所以為的有清楚界限，而是微妙地融合在一起。

我所說的浩瀚網絡，指的是人類看不見的無數個振動次元與界域。對於居住在此的靈魂而言，這些次元與界域是非常真實且實質存在。每個靈魂都存在於這座金字塔的某一層，至於層級高低則要看靈性課題學得如何。在更高層的是那些已經放下所有塵世名利、野心和慾望，完成了他們的靈魂課題，並與「源頭能量」合一的靈魂。

由於「界中界」的構造錯綜複雜，指導靈也來自各個不同層級。有些指導靈對地球人世很熟悉，而且精通某門學問。有些則住在我們無法理解的世界，還有的靈魂是從更高、更乙太的智慧層級影響我們。

各個界域

在你要開始認識你的指導靈之前，我希望你先對靈界的「地形」有些概念，以便了解在你周遭的各個世界。以下是我就所知的主要靈界層級做的簡要分類，這個說明含括的只是冰山一角。除了這些層級，還有無數的層級、空間與層面。為了讓你們更容易理解這些界域，請注意，我說的並不是一個具體的地方，而是覺知的一個層面或意識的範圍。

我喜歡把靈界的各個次元比做一個房子裡的許多房間。舉例來說，你在廚房烹調食物，在飯廳用餐。到了晚上，你會從客廳走到樓上的臥房睡覺。雖然每一個房間各自獨立，但都是在同一間屋子裡，位於同一個屋簷底下。同樣的，靈界的每個次元雖然各自獨立，但都是靈界的一部分。

物質次元

這個物質次元，我們的「宇宙」，是一個由**形體**構成的地方，它位於金字塔的最底層，我們在此學習基礎意識／覺察，但我們的「宇宙」絕不是唯一的物質次元。我們在決定扮演人類角色時，就已選擇將我們一部分的靈魂意識專注在這個「地球」經驗，但在此同時，它也正在經驗在其他物質和精神次元的存在。請記得，並沒有所謂的「線性時間」。這個概念雖是人類藉以運作的必要工具，但卻是個假象。你所有的前世與來生都發生在現在。除了「現在」，再無其他。你的力量就存在於此時此刻。你無法改變過去，你能夠改變未來的唯一時候就是**現在**。

我們雖然是永恆的靈魂，但人類世界卻是由「小我」，也就是「較低心智」主宰。靈魂為何會自願選擇遺忘自己的神性，來到人間這樣一個濃密、令人難受的物質世界呢？因為我們想要透過體驗在其他界域無法體驗到的事物（像是恐懼、寂寞和孤立）來發展和擴展意識。但我們從來不是孤單的。我們在這個被稱為「人世」的地球學校進修時，指導靈和靈魂家族在這一路上會時時鼓勵我們。不過，我們的靈魂家族成員並不一定都是人類。

動物指導靈

在這個實體層面，人間嚮導也會以動物的形式來到我們身邊。我們都知道經過訓練的狗兒能為殘障人士引路、在機場嗅聞炸彈以保護我們的人身安全，也有在醫院和養老院安慰病患及老人的貓與狗，許多動物都對這個地球有貢獻。我們絕不要以為動物比人類低下；牠們往往是高度進化的生命。許多人說寵物最棒的是對我們所展現的無條件的愛。這雖是事實，但我相信有寵物最棒的一點，便是牠們激發了我們心中無條件的愛。

對愛護動物的人士來說，野生動物是他們的人間嚮導。珍古德（Jane Goodall）、傑克．漢納（Jack Hanna）和傑夫．柯文（Jeff Corwin）等動物專家以及所有致力於保護動物的人士便經常提到，他們因為關心和照顧這些動物，對自己也有了更進一步的了解。我們不僅因動物而認識自然環境，牠們也讓我們體認到身為人類的潛能。

二〇〇二到二〇〇三年間，我有了個人的電視聯播節目：「彼岸」（Beyond）。那是個很棒的經驗，我很感謝能有機會與廣大觀眾分享我對死亡與靈界的看法。我會在那個節目裡為觀眾通靈，而我個人最喜歡的通靈經驗之一就是跟寵物有關。

「我感應到這裡有人失去了一隻狗。牠是被安樂死的。是一隻德國牧羊犬。」我當時對在場的觀眾說。一位坐在觀眾席上的年輕人起身並證實了我說的話。「我看到牠衝過去，跳到你身上呢！」我微笑說道。這時有好幾位觀眾因感動而拭淚。我繼續說：「牠很感謝你，也想念你開車載牠兜風的時光。」那位名叫大衛的年輕人點了點頭。

「你養牠原本是希望牠能幫你看門，但後來你發現牠並不適合當一隻看門狗。」觀眾席一陣笑聲，大衛也微笑著點點頭。「牠很感謝你為牠所做的一切。牠後腳癱了，非常痛苦。到了最後一個月，牠根本不能自己走路，你得抱著牠才行。」

我說：「我知道你今天原本沒有打算要來，但我感覺你是被**引導**來這裡的。」大衛仰頭看著天花板，試圖克制內心的情緒。我繼續說道：「在整個節目進行期間，牠都一直坐在你身上。牠是一隻很聰明的狗，牠很愛你。牠想謝謝你，因為你為牠做了正確的決定。」

節目結束後，大衛接受主持人麗莎，坎寧（Lisa Canning）的訪問：「大衛，你會不會覺得很奇怪，你的狗居然出現了？」

大衛拿出他隨身攜帶的狗照片給麗莎看。「不會。我和牠很親。牠後腿不能走了，我們只好讓牠安樂死。那是我生平做過的最困難的決定。在聽到詹姆斯說的那些話之後，我相信是牠帶我來這裡的。這會是我畢生難忘的通靈經驗。」

我個人倒是有過被狗拯救的經驗，而且我知道是我的指導靈介入，把那隻狗帶到我的生命裡。那是二〇一〇年的春天。我當時正開車經過聖地牙哥的一個路口。當我在路口的停車標誌前停下等候時，看到人行道上有個小女孩，她懷裡抱著一隻不停蠕動的小狗。就在輪到我通過路口時，那隻小狗突然從女孩的懷中掙脫，一溜煙的衝過街道。由於我一直在注意他們，我並沒有發動車子，不幸的是，我對面的那輛車已經開往交叉路口，那隻小狗當場被輾了過去。我從來沒看過這樣的情景，如今卻在我眼前近距離發生。

我立刻下車，跑到小狗身邊，看到牠正痛苦的扭動身軀。小女孩和她母親也趕來把小狗抱了起來。由於有人在按我喇叭，我只好回到車上，先把車子開過路口並停在路邊。當我回到車禍現場時，已經有個警察在安慰那對母女。小女孩轉頭看著我。我還沒來得及開口詢問，她便對我搖了搖頭。顯然小狗已經死了。

開車回家的路上，我仍然驚魂未定，腦海裡不斷浮現小狗被輾的畫面。後來有整整一個星期的時間，我白天心神恍惚，夜裡則難以成眠。有天晚上在夢裡，我的一位指導靈告訴我，我將會得到幫助。他要我前往我和布萊恩幾個月前領養布．瑞德雷（我們的愛犬）的那家流浪動物收容所。我被告知那裡有隻可以療癒我的狗。

當天我們就開車前往。我仔細看了裡面的狗籠，想要找出那隻能療癒我的狗。我確信我如果看到，一定可以馬上認出來。然而，我把所有的狗籠都看過一遍，卻沒看到任何跟我投緣的狗。我垂頭喪氣地在收容所的大廳坐了下來。我清楚知道昨晚的那個夢是真實的。因此在離開前，我又迅速地瞄了那排籠子，發現最後面那個原本的空籠裡出現一張白色的臉。我走了過去，看到籠子裡有一隻白色的傑克羅素梗犬。牠是母的，一隻耳朵有黑色斑點，另一隻耳朵全黑。牠一看到我靠近，便翻了個身，露出都是斑點的肚子。我立刻知道，牠就是那隻可以療癒我的狗。

我們帶牠回家，而且立刻就跟牠很契合。由於「布．瑞德雷」的名字是布萊恩取的，因此牠便由我來命名。我想了幾個名字，但都不太滿意。隔天，我在冥想時看到一個女性靈體，她說她是我從未謀面的姨婆。她告訴我，我應該要叫牠「梅西梅」，於是名字就這麼決定了。梅西梅是我的指導靈在我需要時派來療癒我的天使，牠也是我的保護者。

除了動物之外，自然界也有指導靈，它們是大自然的保護神，比如仙子、提婆、風神和地精等等。這些精靈並非人們憑空想像出來，它們是真實存在，住在森林、山谷、海洋、河流和我們所呼吸的空氣裡。當你的意識和敏銳度提升時，你會在庭院、公園、小徑和大自然的各種環境裡感受到它們的存在。如果它們不希望你進入某個地區，你會感覺有股力量迫使你往別的方向前進。只要我們留意自己的直覺，就能接收到這些自然界的指導靈所傳來的細微訊息。

我經常在我的花園裡和自然界的指導靈對話，尤其是在剛從一趟累人的旅程回到家之後。它們幫助我整合分散的能量，讓我回到自己的中心，安定我的能量。事實上，如果靈界不曾召喚我運用才能演講和寫書，我現在應該是個非常快樂的園藝景觀設計師。我可以連續好幾個小時在院子裡澆水和蒔花弄草。對我而言，這是一種冥想。我在我的舊居住了十七年，用我的雙手把一個原本野草叢生的地方打造成一座美麗的庭園。我最近搬到舊家以南約一小時車程的地方，所以現在有機會再重新打造一個庭院。如果你能花些時間用關愛來打理自然界指導靈居住的地方，它們會非常開心和感謝你。靈魂也會和自然界的指導靈合作，透過植物、花卉、蝴蝶、鳥兒和樹木向人們傳遞訊息。因此，保持你個人的大自然空間，像是花園或庭院草木的健康就自然非常重要。

你的指導靈團隊已隨時準備好要透過你的「高我」讓較高智慧進入你的意識。你的「高我」就是你的靈魂的最崇高面向。它是你進入更高層級的橋樑。

當你同意投胎人世時，你就知道真正的你會把意識重新聚焦在物質次元；要在地球生活，你的意識就必須聚焦於此。但要了解，就如彩虹有著各種顏色，你的靈魂核心也包含許多不同的色調和彩度，而真正的你存在於所有的精神／靈魂層面。

星光次元

許多人都聽過「靈魂出體經驗」（OBE）或「瀕死經驗」（NDE）。有過這些經驗的人往往會描述他們在離開身體，迎向一道美麗白光時的感受。他們的經驗幫助了許多人明瞭：死亡只是從一種存在狀態轉換到另一種狀態。我們的靈魂永遠不會被毀滅。它是完整、完美而不朽的。因此，就如我一直以來對全球各地的觀眾所說的：「世上根本沒有死亡這回事。」所謂的死亡，只是我們的靈魂拋下人類的軀體，進入「星光次元」（The Astral Dimension）。

星光次元看起來和我們的物質世界很像。它是由許多不同的王國、國家、層面、層級和空間點所組成，這其中住著形形色色，有著不同信念的靈魂。星光次元的能量雖然比人類的世界更輕盈、精細，但同樣有房屋、公園、學校、庭園、街道、紀念碑等等。靈魂在這裡體認到，身體只不過是裝載靈魂的軀殼。這裡沒有疾病，也沒有年齡，到了這裡，我們又再次感到年輕和充滿活力。我們在這個次元和已逝的家人、朋友、寵物，以及在最近世曾經幫助我們的指導靈重逢。

許多人並不知道，我們在做夢時常會前往星光次元。我常向觀眾解釋：如果我們在夢中見到已逝的摯愛親友，那不是因為他們「下來」探視我們，而是我們到星光次元拜訪他們。由於那個次元的振動速度很快（相當於思想的速度），靈魂並不需任何言語。思想在這個次元會具體化，而且無論你喜不喜歡，大家都知道你在想什麼。

乙太次元

當靈魂已經適應新的生命狀態，並且通過星光次元的多個層級後，它的內心會產生強烈的願望，想要擴大它的知識並前往另一個被稱為「乙太界」（the etheric realm）的意識／覺知層級。有些秘教學派相信：當一個靈魂的意識進入乙太層級，它會經歷所謂的「二度死亡」（second death）現象。也就是說，它會脫去殘留的人世特性和愛好傾向，以便進入這個較高的靈魂層級，而這個層級也是第一個真正的天國。

這些年來，曾有許多人問我，他們為何再也沒有收到已故摯愛親友的訊息。我相信這是因為那些親友已經進化到較高的狀態，進入了乙太層級。

有一回，靈界讓我看到一個代表乙太次元的意象，那是有顏色和結構、而且各自以不同速度在振動的音符。我感覺到那些音符都有涵意，只是那超出了我能理解的範圍。如果人世的次元是屬於語言文字的世界，而星光次元是屬於思想意念的世界，那麼乙太次元便是符號的世界了。如果我們的思想、話語和行為是由色彩及圖案構成，而且我們每天都在不斷創作和增添新的色彩與圖案，我們就必須留心自己的思想意念以及自我表達的方式。當我們抵達乙太次元後，我們將充分感受到我們在人世作為的力道。

靈性次元

這裡就是人類所認知的天堂，一個美得不可思議、充滿創造力的地方。在這裡，各種信仰已融合為一。這是最偉大的思想家和哲學家居住的界域。這裡的靈魂都有著同等的靈性體悟與智慧層級。他們是光明與愛的化身，活在無上的喜悅與和諧中。

色彩在這個次元扮演重要的角色。還記得電影《綠野仙蹤》（*The Wizard of Oz*）嗎？它前十分鐘的畫面都是黑白的，但是當女主角桃樂絲抵達「歐茲王國」並打開她的房門時，她就踏進了一條黃磚路，通往一個色彩鮮明艷麗的世界。這就是人世與靈性次元的差別。在靈性的次元，色彩的波動明亮又遼闊，既繁複又清晰。但在地球人世，顏色的變化卻非常有限。在這裡，各種色彩的波動與能量匯聚一起，使得一切事物無比地生動和美麗。

比如說，當彩虹的某個顏色柔和地投射到下方的山谷，整座谷地會立刻散發出那個顏色特有的美麗、氛圍與和諧感。這裡完全被閃耀的光充滿，你可以把它想成是沒有屋頂、沒有天花板、完全被明亮的光所籠罩的建築。

在這個世界，進化的靈魂聚在一起討論更高形式的創造力、哲學與服務。他們對美也有更高的鑑賞力。這裡的每個靈魂都感覺自己和源頭是一體的。他們彼此協助和互補，並保有各自的自由。

這裡的靈魂已經進化到很高的層級。當這個次元的靈魂選擇投胎到地球，他們也會把這個次元的影響帶到人世，成為世人的精神領袖。

天界次元

這是人們常稱的天使國度。這裡的靈魂明白他們象徵偉大的創造之光，而且承載了神聖的愛。只有最良善、品格最高潔的人才進化到這個次元。這裡的靈魂已經完全覺醒。

這是屬於已經揚升的大師、阿凡達（聖人的化身）和大天使的國度。他們已經降服小我世界的種種而沒有了小我，並且超脫了對物質和世俗名利的渴望。你們所熟悉的聖芳濟、老子、甘地和曼德拉等人的靈魂就住在這個層級。「揚升大師」是指在人世時展現了無條件的愛的靈魂。他們不再擔任個人的指導靈，而是同時影響眾多的靈魂。

耶穌和佛陀這些「阿凡達」透過宗教促進人類的和諧共處與團結。他們雖然被當成不同的神祇來崇敬，但我相信他們都是我們共屬的那個「源頭」的象徵。我們務必要明白：這些人物雖然備受尊崇，但他們並未和我們分離，他們是我們的一部分。在天界層級所顯化的一切都直接來自「至高偉大的神靈」（或稱「源頭」）。

這個界域遠遠超乎人類所能理解的範疇，因為這裡的一切以能量波的形式存在，並以能量波直接回應對彼此的情感。舉例來說，這裡的靈魂不僅觀賞花朵，他們也因花朵的美麗芬芳使氛圍充滿了生氣活力而歡慶歌頌。美麗的花朵周遭飄散著與它們的色彩對應的完美與和諧樂音。這裡的每一樣事物都與神性之光融合，達到萬物一體的境界。

這個層級的靈魂知道我們所稱的「實相」（亦即現實世界）是如何建構出來的。他們彼此會分享一切事物。就像一個正在演奏的神聖交響樂團一般，這裡的偉大靈魂所煥發的色彩與音符的色彩融為一體，帶給大家快樂與啟發。這裡的創造活動和人世不同。在這個層級，所有一切都充滿愛與光的能量。

指導靈如何影響我們

指導靈很關心我們，他們在我們的日常生活經驗裡扮演很具影響力的角色。我認為，我們想和指導靈溝通的內在渴望，事實上是因為我們想更進一步認識和了解自己。

好幾年前，我在一次工作坊期間請我的指導靈告訴我，他們是如何以較高階靈性層級的智慧來啟發我們。他們讓我看到一座瀑布，但流的不是水，而是美麗的色彩。那些色彩從天上傾瀉而下後便迸散開來，形成一顆顆小水珠，沾在我們的頭上。我常好奇宗教洗禮儀式的象徵是否就是源自於此。無論如何，我到現在每天冥想時，都常會用上這個彩色水瀑的意象。

在最高層級的光體會傳送智慧給較低層級的指導靈，較低層級的指導靈收到後，加上他們的靈性見解和知識，再傳給下一階的指導靈，如此層層依序傳送，直到訊息抵達人類的意識。請想像一個倒過來的金字塔——最終，高階智慧與靈感就像通過一個漏斗般地傳送到金字塔最下面的那個點。

通常，如果某人是在出神狀態下接收訊息，他／她所接收的是源自乙太次元或更高次元的純粹思想，然而不同層級的意識也會跟著進入這個人類管道。如果這個通靈管道的動機是要為世人服務，而且沒有小我的涉入，那麼他／她所傳遞的資料就會比較純淨。

第三章　了解你的指導靈

我在這章會以上一章所討論的各個次元為基礎，說明我們要如何與指導靈合作，以及如何了解他們存在於我們個人生活裡的原因。儘管大多數指導靈都曾有生活在肉體層面的經驗，並且會以曾有過的人類外形與性格出現，但也有許多指導靈並非如此。

那些不以人類樣貌出現的指導靈已經到了更高的界域，他們沒有任何人世的繫絆。此外，你從靈界收到的啟示可能是融合了好幾個指導靈的智慧，所以如果你想要知道得到的珍貴啟示或靈感是來自哪一個指導靈，可能會感到困惑。要以我們人類的心智區分出接觸到的究竟是哪一位可能有困難，而且這些指導靈並不見得具有人類的特性。

指導靈的表達方式

我在帶領工作坊時，會請學員們做一個放下小我的練習，好讓他們能連線上指導靈——不論他們的指導靈是透過視覺或書寫的方式出現。指導靈會進入他們的氣場，與他們的高我面向融合。在這類工作坊的環境，指導靈會儘量以我們能理解的形式出現。

有一次，一位名叫珊卓的學生這麼描述她的經驗：「我覺察到有好幾個指導靈在我身邊。我詢問他們的名字，但立刻就意識到他們並沒有名字，因為他們的振動頻率很高，名字已非必要。其中兩位指導靈以男性的模樣現身。他們身穿淺色的長袍。袍子似乎是用一種閃耀、幾乎是發光的材質做成。袍子底下是一片白光。我知道他們之所以穿著長袍出現，是因為這樣我就會了解他們是存在體。」

另一位叫東妮的學員也和大家分享了她的經驗：「我感應到有個指導靈在我身邊。我雖然沒有看到他的樣子，卻**感受到**他做為我的指導靈的原因。他透過心靈感應的方式告訴我：他在幫助東妮的小我，他希望我不要對自己太過嚴苛。我在心裡問他一些問題，但他似乎在我送出想法之前，就已經知道我要問什麼了。他回答的態度非常仁慈和親切。他讓我感覺我心裡感受到的愧疚和對自己的批判都是一時的，而且不是事實；他告訴我，我必須學習欣賞真正的自己，不要在意別人對我的看法。我知道他之所以在我的生命裡，是為了幫助我欣賞自己的才華與能力。」

另一個學員認出她的指導靈以埃及抄書吏的形象出現。他手上拿著一卷紙莎草紙，手指上還有一些墨漬。她感應到他傳遞的訊息後，不由自主的想寫下來（她的指導靈是一名抄書吏，也難怪她會有這種感覺）。她後來將那段文字唸給大家聽：

「親愛的：你要努力提升自己，發揮你存在的力量。投生於人世的靈魂要了解，你們有責任洗滌和淨化你們所稱的『心智』。你們很勇敢，因為你們自願來到不符合你們本性的濃密負面能量的地方。宇宙的法則是完美的，但你們活在一個不完美的世界。無論你們允許心中有些什麼念頭，無論那是不健康的，還是能療癒人的，它們都將成真。」

經過這些年，我了解到指導靈所傳遞的智慧訊息跟他們透過的通靈者的意識層次之間，有著絕對的相配關係。這就像那些推銷電視機的電視廣告。廣告顯示那個牌子的電視機畫面有多清晰，但事實上你所看到的清晰度頂多只能達到你家那台電視的水準。我很欣賞和欽佩當代的某些通靈工作者，但我認為在大多數情況下，靈媒所傳遞的靈界訊息是針對你，而不是大眾。

指導靈的能量

如果你真的很想和你的指導靈接觸，現在就開始固定冥想。冥想能夠提升你的能量；你愈常冥想，能量就會愈強。每天冥想表示你是有紀律的，而且也能讓靈魂世界知道你對你的靈性發展的認真心態。你不妨把冥想當成是從日常瑣事脫身，喘口氣的機會，絕不要把它看成是壓力或義務。至於溝通的方式，我因為具有超感應力和靈視力，因此主要是透過感覺和思想與靈魂溝通。有些人則是偏視覺型。

無論如何，你的指導靈知道與你溝通的最好方式。如果你認識的某人是在視覺上看到指導靈傳送的畫面，但你是透過感受接收，不用因此覺得困惑或挫折。每個人和指導靈連結的方式不會都一樣。天生比較敏感或右腦型的人必須保護自己的能量不受負面干擾，而比較擅於分析或左腦型的人則要留意不要過度分析。在後面的篇章中，我會告訴你一些實用技巧，讓你更能辨識周遭的能量。

有關指導靈的一些問題

以下是這些年來學生問我的一些問題。這些回答自然是根據我的人生經驗，還有與靈魂世界合作所得的一些個人看法。其他靈媒可能會有不同的答案。請以你自己的內在感受來決定什麼樣的說法與你的靈魂共鳴，因為沒有人比你更了解自己。

1.我能不能接觸到在最高層級的存在體？

你會吸引到什麼靈魂層級，要看你靈魂目前的意識層級而定。如果你還不懂基本的算術，自然沒有理由教你微積分。

2.我有一定數量的指導靈嗎？

由於靈魂的進化持續在改變，因此每個靈魂的指導靈數量從來不會是受限或固定的。雖然有些指導靈在幫助你的同時也會幫助其他人，但有特定的一群指導靈是專門被派來協助你的靈魂課題。如之前所說，有些指導靈會一直陪著你，有些則只待一段時間。當一個人的任務與課題愈多，指導靈也會愈多。當要面對新任務與課題時，也會有不同的指導靈來到身邊。

3.我的指導靈一直都在我身邊嗎？

指導靈一直都在和你的「高我」溝通。人世這個物質次元的性質會使你以為自己是分離或孤立的，但這是一個必要的幻相，目的是為了你的靈魂進化。無論你在哪裡，你的指導靈都在你身邊，他們無所不在。這本書就是希望能鼓勵你和他們建立連結。

4.我要怎麼知道我的指導靈的名字？

名字對指導靈並不是那麼重要。雖然有些指導靈曾經多次投生地球，但他們不一定會選擇以他們曾有的人格出現。對許多指導靈來說，名字是很侷限的，那只是他們整體的一個很微小的部分。如果你想的話，你可以為你的指導靈取名，但他們會比較希望你是透過能量的感覺來認出他們。

5.我如何知道我的指導靈正在傳送訊息給我？

當與指導靈交流時，通常會有種愉悅和興奮的感受，而且心裡突然有所領悟或洞悉了什麼。你可能會感覺到一陣清涼的微風或是溫度起了變化。你也可能有一種期待感，彷彿有什麼事要發生，或是起雞皮疙瘩。指導靈也可能會拍你的肩膀或摸你的頭，甚至你會聽見他叫你的名字。

6.我的指導靈可能以非人類的樣子出現嗎？

是的。指導靈會以人類的樣子出現，譬如穿著某時期服裝的人，他們也可能以非人類的模樣，像是天使、動物、外星人、各種形式的光或能量場出現。我們的指導靈是多次元的光體，但為了讓我們能夠察覺他們的存在並知道他們就在我們身邊，他們往往會以人類的面貌出現。我們人類的心理需要感受到與他們的連結。在我開發通靈能力的期間，冥想的時候常會感覺有個指導靈在我身邊。他是很有愛心、很睿智的哲學老師，然而卻是以類似水母的面貌出現。

7.為什麼大多數的指導靈看起來像是異國人士？

人們把指導靈概念化為印第安巫醫、中國和尚或某些聖賢人物是有趣的人類天性。但老實說，這就是人們認為指導靈應該看起來的樣子。事實上，指導靈會以任何形式出現，從光的頻率到醫師、某個家人、寵物或農夫等等。雖然有些指導靈確實很奇特或很異國風情（甚至有時令人望而生畏），但每個指導靈都比你可能以為的他們更謙虛和「正常」。

8. 我們的指導靈是否無所不知？

不是。他們雖然來自不同的靈魂進化層級，但並非無所不知。他們在這裡是要幫助你，確切的說，是要讓你能夠幫助自己。每一個人都有自由意志，而透過瞭解和運用自由意志，我們會意識到自己的所有可能性。指導靈的角色就是讓我們憶起和了解自己真正的力量與潛能。

9. 指導靈會不會欺騙或傷害我們？

指導靈就像我們的老師，如果欺騙我們、給我們錯誤的指引，這對任何人都沒有好處；這不是指導靈的意義。當我聽到這類疑問，我通常會告訴對方，我們的指導靈必然是很有愛心的存在體。

所謂「被邪靈和／或惡魔附身」是人類無中生有的概念，因為他們在遇到「不好」的事情時，需要有可以責怪的對象。但每個人都有自由意志，可以自由決定自己要怎麼想，怎麼行動。有些人因為受到意識形態的影響，無法接收到指導靈的忠告，而為了維護人們的自由意志，指導靈也只能尊重我們的決定。

指導靈如何與我們接觸

有些人以為指導靈會一直在我們耳邊傳送想法並讓我們看到一些異象。事實上，指導靈對我們會有多大的影響完全要看我們的意願，看我們允許多少而定。如果有人一直矇住自己的眼睛，不聽不聞不看，指導靈也莫可奈何。

也有些人把指導靈對他們人生的影響視為好運或壞運。對於積極尋求指導靈智慧的人而言，指導靈的影響非常明顯。他們能明確感受到指導靈為他們所做的事。指導靈除了會影響我們的想法和行動之外，也會在我們的生活中製造特定的機會和經驗。有些事乍看下似乎是「偶然」發生，但只要想想必須有多少因素加在一起才能造就這樣的偶然，你就會感到很不可思議。

一般而言，為了指引並協助你探索新方向或情勢，不論是透過徵兆或其他微妙的方式傳遞訊息，指導靈會以各種可能的方法和你接觸。如我先前所言，我們愈能夠放空自己，不受頭腦的控制，就愈能感應到他們的訊息。以下就是指導靈最常用來和我們接觸的方法。

1. 感受

身為靈魂，我們每一個人都有超感應或感知能力。它是你在遇見某個人或進入某個地方時，太陽神經叢（腹部）的感覺——你可能會對這個人或地方起共鳴，也可能感到反感，或是介於兩者之間的情緒。在日常生活中，我們無論遇到任何事物，都是先透過我們的靈魂來體驗。「感受」就是你的靈魂的覺察，也就是「第六感」。當指導靈靠近你時，你可能會有一種麻刺的感覺，或是突然有所領悟或想到某個點子，就像「燈泡」突然亮了起來一般。

2. 心靈感應的想法

許多人以不同的名詞來表示這個現象，像是傳心術或是超聽覺力（clairaudience）。它指的是指導靈把想法投射到你的心裡，你因此突然有了個點子、想法或得到某些資訊。你收到的可能是一個字、一句話，甚至稍縱即逝的概念。此外，隨同你收到的想法，你也會感應到指導靈的一些性格。當指導靈以這種方式溝通時，最重要的是保持平靜，允許他們所傳送的任何想法和畫面進入心裡。

3. 靈感

這其實是指導靈傳送到你的意識的某種思想形式。當你對某件事有所謂的靈感，很多時候你收到的想法是來自靈界。每個人都會收到靈感，而許多創作者，像是藝術家、音樂家和作家，都曾表示他們所創作的樂曲、歌詞或散文是來自某個「外來的來源」。

4. 象徵符號

指導靈會視我們的接受與理解度而使用符號來傳達訊息，接收者必須要建立我所稱的「參考資料庫」來解讀每個象徵符號對他們代表的意義。當指導靈透過符號的形式傳送想法到接收者的心裡，後者會明白那個特定符號對他的個人意義。有許多靈媒都是透過象徵性的符號與靈界溝通，或是部分符號和部分心電感應的方式。

5. 冥想或神遊

你的指導靈也會在你比較平靜、放鬆和開放的狀態下，也就是當你在西塔（θ）頻率時出現。因為這時候的你已經創造了一個空間，你能感受到與靈界的連結，指導靈也能傳送深刻的洞見給你。我會在後面幾章附上一些冥想練習，協助你創造這樣的時刻。

6.出神狀態

許多指導靈會以一種更深層的方式影響靈媒。當一個人的腦波從西塔（θ）變為戴爾他（δ）波時，他／她會進入輕微的出神狀態。嚴格來說，他／她並沒有睡著，而是處於一種類似睡眠的狀態。這時指導靈便能輕易地與他／她融合並展開對話。這個情形也稱為通靈。

7.自動書寫

這是大家較為熟悉的連線指導靈的方式。我都會建議我的學生傳送意念給指導靈，跟他們訂個練習自動書寫的時間和地方。到了約定的時間，學生先透過冥想進入能夠接收訊息的狀態。準備好紙筆（原子筆或鉛筆皆可，有些學生會用彩色筆），挺直地坐在桌前。輕握著筆，不要去想要寫什麼。當感覺到能量出現變化時，開始書寫。再次強調：不要去想要寫些什麼。當你感覺能量再次出現變化，表示你的指導靈已經離開，你就可以結束練習了。

8. 夢境

接觸指導靈的最普遍方法就是透過夢境。很多人並不記得晚上睡覺時所做的夢。就算記得，也只是一些零星片段。但就像所有的事情一樣，這需要練習，而且要有紀律。要記得自己夢境的最好方法，就是在睡覺前告訴自己要記得所做的夢。把智慧型手機、迷你錄音機或日記本擺在床邊。如果你半夜因夢醒來，或是起來上廁所，或被伴侶的鼾聲吵醒，回想一下剛才做的夢，把記得的內容錄下或寫下來，即使只是夢中的一個人、一個想法或一件事也沒關係。如果能持續這麼做，久而久之，你就會記住更多內容。到了這時，你就可以在睡前問你的指導靈一個問題。雖然第二天早上不見得就有答案，但如果你經常問，你的指導靈就會傳送訊息給你。

在接下來的幾章，我將討論各種不同的指導靈以及他們對我們的意義。

第二篇

個人的指導靈

第四章　主要指導靈

指導靈就像我們一樣，永遠在學習和進化。他們在人世幫助我們，我們也幫助他們精進技巧。當我們投生人世時，有一個主要指導靈會一直陪伴我們。他跟我們有多世的緣份，而且通常是我們的靈魂家族的成員。事實上，你在靈界時很可能就曾經擔任某個轉世到人間的靈魂家族成員的主要指導靈。

在你所有的靈魂幫手當中，主要指導靈可以說是站在第一線的位置。來自更高次元的存在體和其他指導靈的訊息，都是透過你的主要指導靈過濾並傳送給你的高我。許多心情放鬆、心胸開放的人都和他們的主要指導靈有密切連結，只是他們並不自覺。如果你能努力與自己的主要指導靈建立有意識的關係，將會獲益匪淺。

主要指導靈與守護天使

我們很容易把「主要指導靈」和「守護天使」混淆，但這兩者在你的生命中所扮演的角色並不相同。「守護天使」不會參與你的日常生活。祂看護著你，並在必要時使你遠離危險。祂知道你在人世的生命何時告終，而且會在你離世時帶引你前往靈界。

有些人很幸運，除了天上的守護天使之外，在人間也有一個守護天使。他／她可能是你的靈魂伴侶，已經以各種身分／形式陪伴了你許多人世，並且答應今生也要看顧著你，因此可以說是你的人間天使。在我心裡，我的母親就是我在人間的守護天使。打從我很小的時候，她就知道我能看到靈體。她很保護我，她常對我說我看到的靈體是天使。她是虔誠的天主教徒，我認為她希望我當神父是為了讓我有宗教的庇護，而且也能運用我的通靈能力去幫助需要的人。母親毫無疑問是我最好的朋友和靈魂伴侶。我很期待和她在靈界的重逢。

主要指導靈和守護天使的職責不同。後者是保護我們，前者的主要角色是教導並啟發我們實現自己的天命。就像繆思女神一樣，主要指導靈會激發我們發揮創造力。有時候他們會讓我們在瞬間悟出某個道理，如果我們從事的是科學工作，可能會認為那是自己靈機一動的結果。醫生們通常透過直覺從他們的主要指導靈那兒得到協助（比如治療的點子）。從事創作的人，像是作家、藝術家和音樂家，則往往透過畫面或聲音接收到指導靈傳遞的靈感。

我們在人世的職業往往會一世世重複，你可以說這就是你的天職。你會想要完善你的天職所需的某些特質（比如耐心、慷慨、寬容、可靠、盡責或忠誠等）。在這方面，你的指導靈會助你一臂之力。

除此之外，你的指導靈也會一直努力引導你，讓你朝著你的生命藍圖所規劃的方向前進。舉個例子，我大學畢業後想要當電視喜劇節目的編劇。我在洛杉磯的前幾個工作是在洛杉磯的諾曼．里爾（Norman Lear）公共倡議團體服務，接著在「威廉．莫里斯經紀公司」（William Morris Agency）任職。雖然那些工作跟電視核心沾不上邊，但我感覺自己是在朝向電視台工作的目標邁進。然後有一天，一位同事邀請我參加在布萊恩．賀斯特的住處舉行的降靈會。從此，我的人生有了一百八十度的轉變。

爾後，我在電視台工作的夢想終究實現了，雖然和我原本預期的不同。我在成為知名靈媒後，參與了《靈感應》（*Ghost Whisperer*）影集的製作。我的第一本著作《與天堂對話》（*Talking to Heaven*）被改編為迷你電視影集《第六感玄機》，由泰德．

丹森（Ted Danson）主演。我後來甚至有個人的節目「彼岸」，我在節目裡會為現場觀眾和名人來賓通靈。而我之所以能把在電視台工作的夢想與我的靈性使命結合，都要感謝我的主要指導靈。

金羽毛

我第一次接觸到我的主要指導靈是在一場降靈會。當時有好幾個靈體來到現場並聲稱他們會直接和我合作，在這一世完成我們共同的目標。

「**我們**共同的目標？」我當時心想，「**我們**指的是誰？」

後來，我明白了我身邊有一群指導靈，而且我們是要合力來改變世人的意識，尤其是改變世人對死亡的觀念。這些指導靈清楚地告訴我，要達到這個目標，我們有責任和義務提醒眾人：他們要為自己的想法、自己所說的話和行為負責，如此才能將人世的振動頻率提升到更高的愛的層級。在我從事通靈工作的期間，我的指導靈團隊一直在變換，這裡面有好幾位醫師、科學家、僧侶，以及一些很難以言語形容的生命形態。

我的主要指導靈跟我曾經有許多世都在一起。我至今仍記得他初次向我傳遞訊息和教導的情形。他希望被稱為「金羽毛」。這些年來，他也擔任過許多通靈人士的指導靈。他的容貌就像平原印第安人，而每個接收到他的能量的靈媒都對他剛正不阿與尊重所有人類的強烈特質印象深刻。

我曾經問「金羽毛」為何會擔任我的指導靈，他說他的職責是帶來靈性的提升，並提出一種能讓世人打開心靈的靈性哲學。他希望人們能夠學會欣賞這個世界豐富多元的面貌，並努力連結和同理所有的生命。我是他的「部落」裡的幾位靈媒之一。他會傳遞並協助我們了解來自高層靈界的訊息。你現在所閱讀的字裡行間就有金羽毛的智慧結晶。

雖然我還有其他指導靈和我合作，但「金羽毛」似乎是掌舵者。他曾經告訴我，主要指導靈的任務之一就是告訴其他指導靈該在什麼時候影響「工具」（這是他提到我時的說法），並在他覺得必要時引導他們進入我的氣場。他曾經形容他對其他指導靈而言就像是一場儀式舞蹈中的指揮：他們圍成一圈跳著舞，而他則站在圈子中央示範正確的舞步。

「金羽毛」每回現身，在通靈開始和結束時，總是會強調一個重要的理念：我們全都是**一個能量**。就如他所言：**如果你的眼中仍有人我之別，你就沒有意識到自己的完整性。**

他曾經以他的印第安頭飾來做比喻。每一個人就像頭飾上的一根羽毛，各有各的瑰麗，但當所有人加在一起，就像那頂由許多羽毛做成的頭飾，各自的力量、美麗與技藝，造就了一個美麗的整體。

認識你的主要指導靈

你可能已經透過你被吸引的象徵符號而對主要指導靈有了一些概念。如果你想和你的主要指導靈相會，最好的方法就是靜坐冥想。在本書後半部，我將說明我們要如何接觸自己的指導靈。

你可以把你的主要指導靈想成是位老師。無論你想知道什麼、有哪些方面需要協助，你都可以請教他。舉例來說，如果你已為人父母，想學習更好的教養方式，或者你剛開始一份新工作，希望有好的表現，你都可以告訴你的主要指導靈。你的問題必須明確，例如：「親愛的指導靈，我應該讓我的女兒和這個男生一起去參加舞會嗎？」「親愛的指導靈，我要如何在工作上清楚表達自己的想法？」

然後，你要靜下心聆聽，接收指導靈的回應。感應指導靈的關鍵就在於靜心聆聽。

我所說的「聆聽」並不是指用耳朵聽，而是用你的心。你的指導靈知道你的世界裡發生的事。你如果能用點時間讓自己的心靜下來，你就能進入他們的世界，他們也能進入你的世界。

向主要指導靈提出問題或要求協助後，當你在想問題或思考如何解決時，留意能量上是否出現微妙變化。此時的你會感知到答案，知道自己該採取什麼行動。你的主要指導靈給了你線索和徵兆，正等著你與他建立連結。你要做的就是去覺察這些訊息並得知你的靈魂在這一世的計劃。

第五章　守門靈

在你的指導靈團隊裡，如果主要指導靈是指揮，那麼「守門靈」（the gatekeeper）就是你的警衛了。顧名思義，「守門靈」的任務就是看守靈界和人世之間的那扇門。當靈媒為人通靈時，守門靈負責調節亡靈與靈媒所使用的能量。守門靈也經常協助新抵達靈界的靈魂以正確的方式與靈媒溝通。

當我要為現場觀眾或某個客戶通靈時，守門靈會安排跟想我溝通的亡靈依序排隊。你可以把這個場景想成是一場許多人出席的宴會，在場的每個人都想見到某位特定的客人並跟他說話。可是如果大家都圍在那個人身邊，同時間說話並發問，嘈雜的聲音會使得那位客人無法聽見他們到底在說什麼。

因此，在我為人通靈時，我的守門靈會負責維持秩序，並提醒亡靈傳送想法或感受給我時要注意的事項。比方說，他會告訴他們應該站在哪裡、要如何將想法投射給我等等。

對大多數人來說，守門靈是他們的「保護靈」，負責防衛他們的能量。當你進入一個充滿負面能量的地方或周遭有可能會傷害你的人，他們會向你示警。你會收到微妙卻清楚的訊息（可能是個念頭或感受），要你離開那個情境。是否據以行事就決定在你了。

祖魯族戰士

我的工作讓我遇到形形色色的守門靈。他們所傳送的訊息以及表現出的性格各不相同，非常有趣。

我初次參加通靈發展聚會時，接觸到的第二位指導靈是個體型魁梧、膚色黝黑的男性。他手持一把巨大的長矛，往地上用力一頓，發出一聲巨響，讓我對他的第一印象並不是很好。事實上，我有點怕他，因為他看起來一點也不靈性，反而像個凶猛的戰士。我當時想，這傢伙必定是還沒抵達較高次元的迷失亡靈。

但他大聲告訴我，他是祖魯族，而且會是我的守門靈。他說：「我的職責是保護你！」我覺得有趣是因為我對祖魯族根本一無所知，於是開始搜尋他們的資料，了解他們的風俗傳統。

「祖魯族」（The Zulu）意為「天國的民族」（the people of the heavens），他們原是不同的氏族和部落，十九世紀初由夏卡（Shaka）合併為「祖魯王國」。時至今日，南非「夸祖魯－納塔爾省」（Kwazulu-Natal）一帶的居民仍然沿襲祖魯族的傳統並信奉祖靈。「祖魯王國」在大部分南非人心目中具有崇高的地位。

當這位祖魯族守門靈出現時，他那股強大的能量令我害怕，但我後來意識到：要當一個傑出的守門靈，就需要有這樣的能量。身為靈媒，我必須有個保護者，因為當我向靈界敞開能量場時，有時候有些負面靈體會想進來。我在為人通靈時，偶爾會感應到周遭有來自較低次元的負面能量，但因為有守門靈守護著我，這些能量並無法進入我的電磁能量場。

溫徹斯特神祕屋

我常說：無論你在哪裡，靈界總是咫尺之遙，只是你沒有察覺罷了。不過，有些地方因為超自然的能量特強，經常會有目擊鬼魂或各種奇怪事件的現象。如果你在某個情形下心裡感覺毛毛的，那麼閉上眼睛，召喚你的守門靈來保護你永遠會是好方法。

沒有進化的靈體住在較低層面的星光次元，這裡介於人間和較高靈界之間。這裡的能量振動頻率和人世非常接近。根據靈界的說法，這個次元看起來漆黑黝暗、霧氣瀰漫，住在這裡的靈體看起來像是支離破碎的思想形態，充滿仇恨、偏見、憤怒並欠缺靈性。他們困在批判的心態，不願進入一個較高和廣闊許多的光明世界。這些靈魂被人世的能量吸引，並靠這個世界的集體負面能量而滋長。

這些來自較低星光層的靈體會因本身的信念而與某個地方連結。也許他們在這個地方留下了深刻的回憶（不論是美好或不好的回憶），也可能這個地方或某個人跟他們有還沒完成和解決的事。他們也可能被來自某特定地方的振動頻率所吸引。

我最近帶了大約三十個人去參觀美國一個很有名的鬼屋：溫徹斯特神祕屋（the Winchester Mystery House）。提到這棟鬼屋，不免要說說「溫徹斯特連發武器公司」的遺產繼承人莎拉．溫徹斯特（Sarah Winchester）的故事。

根據地方上的傳說，在莎拉的丈夫和女兒死後，波士頓的一個靈媒告訴莎拉：她的家族被那些死在她丈夫所販賣的槍支下的靈魂詛咒，並暗示下一個受害者就會是莎拉本人。那位靈媒告訴她，確保她安全的唯一方法，是為那些亡靈建造一座宅邸，藉此安撫他們。只要那座宅邸繼續建造，她就不會有生命危險。

於是，莎拉便從康乃狄克州搬到加州的一個小鎮（就是今天的聖荷西），並用繼承來的財產開始建造豪宅。在此之後的三十八年期間，她不斷在那棟豪宅增建房間和門廳。屋中有些樓梯根本不通往任何地方，有幾扇門打開後便是一面磚牆。到了一九九二年，莎拉辭世，那棟豪宅的面積已經廣達六英畝，一共有四十七個樓梯、六間廚房、兩千扇門、一萬個窗戶和一百六十個房間。

雖然這棟宅邸的女主人離世後似乎成功到了靈界，豪宅的工作人員和訪客至今仍常常看到無法解釋的現象。有人聽到奇怪的聲音，有人看到鏡子裡出現年代久遠的人，有人則目睹工人和僕役的幽靈出沒。

參觀溫徹斯特神祕屋的那天，我們跟著導遊珍妮特走上一座蜿蜒的樓梯，這時我開始感覺有靈體出現。我不知道是怎樣的靈體，於是召喚守門靈保護我。我立刻感受到他那有如力場般的強大能量。當我們一行人排隊進入了莎拉・溫徹斯特的臥房，我看到一位女性靈體站在珍妮特身邊，自豪地宣稱這裡是她的臥房。很顯然，她就是莎拉・溫徹斯特，而且正以心靈感應的方式跟我溝通。她顯然沒有要傷害我的意思，否則我的守門靈就不會允許她進入我的能量場了。

莎拉對我很友善。她告訴我她很喜歡珍妮特，也很感激她如此看重這棟房子。她希望我告訴珍妮特，她曾造訪她的夢境並試圖傳遞她對這棟房屋的想法和相關細節。珍妮特後來證實她的確夢過莎拉（雖然她們從未謀面），而且她在導覽時也非常在意資料的正確性。

我想那次前往參觀的人原先預期接觸到的莎拉是個恐怖的鬼魂，結果是個以自己的房子為榮的女主人，而且對被她青睞的導覽者讚譽有加。雖然靈魂通常是親切熱情的，但有時也有例外。

不速之客

假使有人闖入你的派對大吵大鬧，你會請他們出去。同理，當你向靈界敞開你的能量場，進來的靈體當中，有的或許會因為本身的某種癮頭或習性而不想離開。

很多人並不知道，生前具有某種癮頭的靈魂如果離世後仍未去除在世時的慾望（這類世俗慾望是較低的能量），他們會對在世的人造成影響，而有時他們也會想透過你再次體驗並間接感受和滿足那些癮頭。接下來的例子就是友人芭芭拉被負面靈體困擾的經驗。

芭芭拉搬進洛杉磯「威尼斯運河區」（Venice Canals）的一棟小房子後沒多久，就開始感到憂鬱，人變得很情緒化。有位鄰居告訴她，那棟房子之前住了幾個毒販和吸毒者。芭芭拉說：「我根本是不抽煙的人，卻會有股強烈衝動想去買香煙。有一天我開車經過加油站，真的就把車停下來，進去裡面的店買了包煙。我就是從那個時候意識到事情非常非常不對勁。」

於是，芭芭拉決定透過冥想，詢問指導靈那棟房子究竟是怎麼回事。沒想到她一開始冥想，立刻就感覺到有好幾個鬼魂擠在屋內的一個房間。她知道他們就是以前住在這裡的年輕吸毒者。她說：「我想他們是處在某種介於陰陽之間的狀態，他們甚至不知道自己已經死了。」

芭芭拉問我是否可以幫助那些鬼魂進入靈界的較高層面。於是我們兩人開始請自己的守門靈前來協助，同時也開始冥想，把愛與平靜的意念傳送給他們。過了一些時候，那些鬼魂開始意識到自己身處的困境，同意前進到另一個世界，在那裡他們可以從生前的習性解脫。

從此以後，芭芭拉再也不曾有過買香煙的念頭，而且心情也變好了。

保護自己

當你向靈魂世界開啟你的能量場，你必須學會分辨。你必須覺察自己所創造和送出的想法是怎樣的能量。如果你要求你的指導靈協助，留意來者的能量。來自較高層的指導靈散發愛、平靜與喜悅，來自低層次的靈魂則是被恐懼、憤怒和屬於「小我」的所有特質吸引。一個人如果總是憂鬱沮喪、悶悶不樂、憤世嫉俗或者以自我為中心，就會吸引到不好的能量，並因而強化這類的行為。

由於我們每個人都是電磁能量場，我們必須意識到任何濫用或沒有節制的行為，像是吸毒、酗酒、暴飲暴食、性愛成癮等等，都會削弱我們防禦的能力並吸引負面能量進入我們的氣場（不論這個負面能量是來自靈魂的世界或人間）。睡眠不足和不良的飲食習慣也會降低我們對負面能量的抵抗性。

如果你面臨生命中的變化或是想做出改變，你要能覺察自己的想法。不要沈溺於過去，也不要後悔過往。在網路上與人交友時要謹慎。留心交往的人和出入的場所。低層次的靈魂喜歡在酒吧流連，因為酒精會損耗我們的能量場，在這類場所除了容易受到這些靈魂影響，也可能會招惹不懷好意的人類。請務必謹慎小心。

保護靈固然能幫助我們，但如果我們不保護自己，他們也無能為力。我們必須留意自己的想法和行為，不要為這個世界增添更多的敵意、恐懼與狹隘排他的思想。我們有怎樣的想法和行為，就會創造出怎樣的世界。如果我們慈悲、親切、有愛心，我們散播給別人的也會是這樣的美好能量。

第六章　關係指導靈

靈魂來到人間所要學習的最常見課題之一就是愛。愛有許多不同的面向，比如我們對自己、家人、孩子、朋友、同事、動物和族群的愛等等。當然，還有對伴侶的愛。我們會對伴侶表露自己內心最深刻的想法與感受，包括我們最軟弱和敏感的部分。無論是上述哪一種關係，我們彼此都有共通和類同的地方。

人際關係是我們最難的課題，因為我們往往會對另一方有不切實際的期待或是想要掌控對方（這是不可能做到的），或是不讓他們做自己。我們這生所遇到的人際關係或感情上的難題，是因為這門功課前世沒有過關，所以要再次面對。我們一直都有自由意志，可以決定要如何面對問題。但如果遇事沒有先思考就立即反應，可能會產生不愉快的局面。

在學習愛的課題的過程當中，遇到任何困難和挫折，你都可以求助你的「關係指導靈」。你的靈性發展是你的指導靈最在意的事，而你的關係指導靈會在適當的時間安排你遇到適當的人，好讓你學習打開心扉，欣賞自己和他人，並且感受到自己是值得被愛的。

愛的連結

我們的關係指導靈常常是已經到了靈界的家人和朋友。你和你的摯愛親友間的愛永遠不會因死亡而消失，因為你們已經承諾要在許多轉世相互扶持。在大多數的情形，關係指導靈大多已經陪伴你許多世，他們在你的靈魂歷史裡，對你在各方面關係的建立與維繫有直接的影響力。在你投生這一世之前，你的關係指導靈便在靈界協助你規劃今生的藍圖，並依據你決定要學習的人際關係課題來安排情境。

關係指導靈會以我們的獨特能量吸引跟我們有業力關聯的人進入生命。由於每個人都屬於某個「靈魂團體」，因此我們會有許多的「靈魂伴侶」。當遇到靈魂伴侶時，你可能會有一種似曾相識的感覺（這感覺可能美好，也可能不好），然而，靈魂伴侶總是會帶來重要的靈魂課題。

我之前提到每個靈魂都有所謂的「命運點」。命運點就是你的靈魂要升級到更高的層次時，所必須學習的核心課題。你永遠有自由意志，因此是由你來決定自己要在什麼時間、以什麼方式去處理這生要面對的特定課題。你的關係指導靈的工作就是安排情況或事件（也就是課題），讓你得以學習。你的指導靈也會試著影響你採取適當行動，以便你能通過「考試」。

舉例來說，如果你很容易生氣，而且喜歡批評別人，你的關係指導靈會安排某人來挑釁和激怒你，好讓你學習忍耐和自制。這種情況可能會一而再、再而三的發生，直到你開始意識到你感受到的氣憤與他人無關，而是自己的不安全感所致。

如果你必須學習信任，你的關係指導靈會讓你遇到一些情況，藉以考驗你信任他人的能力，但指導靈不會撒手讓你獨自應付（雖然你可能常有這種感覺）。相反的，你的指導靈總是會指引你方法，協助你解決棘手的情況，而你所要做的就是留意自己的想法與感受，以便排除那些會影響你獲得幸福和喜悅的障礙。

家庭關係

由於我的工作有很大部分是和個案的家庭成員溝通，因此經常有人問我關係指導靈會如何幫助我們處理與家人之間的關係，尤其是在家庭已經失和的情況下。在此我要重申：你和你的家人今生要扮演什麼角色、彼此之間會如何互動，其中所牽涉到的戲劇化事件和課題，是由你和你的關係指導靈及家庭成員所共同決定的。然而，你並不受制於這樣的安排，因為家庭關係的目標就是要讓我們不被境況影響而能自我實現。

俗話說：「你可以選擇你的朋友，但不能選擇你的家人。」但事實上，你的家人是你自己選擇的，只是你不復記憶。你的靈魂有著與生俱來的智慧，因為透過多次的轉世，你已經扮演過母親、父親、兒子、女兒、丈夫、妻子、老闆、員工、朋友、敵人等等不同角色，你的內在對所有角色都有所覺察（亦即儲存了每一個角色的意識）。

家人之間的關係可以幫助你的靈性提升，但也可能造成妨礙。你的小我會試圖要你把家中的某人當成被害者，把另一個人視為加害者，並誘導你以負面或具破壞性的方式來解決問題。當我們的小我替代了較高的意識，造成的結果包括了傷害、迷惘和不幸等等。但我們可以避免重蹈覆轍，我們可以選擇更好的做法，改善家庭關係，因而擺脫之前做法所造成的痛苦。

你的關係指導靈會協助你以「愛」與「理解」來完成你的業力責任。有時你的指導靈會讓你領悟到解決家庭問題的最好方法，就是專注在靈魂的內在智慧。透過讓自己變得更有力量，你也許能夠讓家人感染你的能量，並因此使他們也聆聽自己的靈魂智慧。

無論你面對的是哪一種關係的挑戰，用愛來處理永遠是最好的方法，也是讓你的靈性進化的唯一方式。

關係的結束

由於「關係」並不只限於情愛，我們的關係指導靈在各種人際關係（包括生意／工作上的往來以及和鄰居、朋友及陌生人的關係）對我們都有重要的影響。

人與人之間的關係無可避免地一直在變化，當一段關係結束，我們會感到空虛。然而關係之所以結束，必然有它的原因，我們必須學習不對關係懷抱期待、幻想和執見。

隨著我們改變心態並且愛自己時，我們所發出的能量或頻率也會跟著改變。我們通常會吸引到的是那些和我們在相同振頻的人，於此同時，頻率不同的則會離開。這個法則適用於世上的每一個人。因此，如果一段關係結束，那就表示能量已經有了變化。而隨著某個關係的結束，另一段關係也將開始。

當一段關係結束，我們可能會因為跟對方仍有情感連結、夢想未能實現，或甚至有誤解等等原因而難以接受。根據我的通靈經驗，人們停駐在我們生命裡的時間，要看我們需要多久來學習或教導那個課題。有可能一個月或五年，也可能一輩子或甚至好幾輩子，要看課題的難度而定。

我曾有緣與一些傑出的靈性導師和夥伴共度美妙的時光，但隨著時間流逝，我們也各自去體驗新的關係。偶爾想到那些淡去的友誼雖不免惆悵，但我更會想到我們曾經共度的那些美好時光，並對那些日子充滿感謝。

指導靈的任務

我們投胎人世的原因，總的來說，是為了體驗各式各樣的關係。這生和我們互動的大多數人都曾在我們的某個前世扮演過重要角色。我常認為我們就像是棋盤上的棋子，而我們的關係指導靈會移動那些與我們有關的棋子，為的是讓我們能贏得棋局。請記得，我們來到人世是為了解決所有的負面業力，而不是製造更多的惡業。

關係指導靈想要協助你吸引能與你相互尊重、喜愛並和諧相處的靈魂。儘管如此，如果我們就是很想要身邊有個伴，即使這對我們的靈性成長無益也不在意，那麼我們的自由意志便有可能不顧一切的吸引那人進入我們的生命。儘管這樣的關係品質不佳，也無法長久，但我們想要身邊有個人的渴望會戰勝我們的靈魂更崇高的願望。

這讓我想到我剛開始從事靈媒工作時的一次通靈經驗。一位年約四十歲的女子到我當時在好萊塢的住處進行私人解讀。她的衣著時髦考究，舉止有禮，但看起來非常焦慮。我一如往常地閉上眼睛，唸了一段禱文，請求我的指導靈協助之後，便開始通靈。

「有個男子站在你的右手邊。他很瘦，戴個尾戒，正在抽煙。」這位女士的眼睛頓時亮了起來。「天哪！那一定是我爸爸！」這個人給我的印象是他的煙癮很大，因為我感覺胸口很沈重。「你父親生前有肺癌嗎？」她點點頭。「他讓我看到他的肺都變黑了，而且皺皺的。」她的眼裡湧出淚水。

「他說他很抱歉他在你年輕時所造成的痛苦。」女子邊搖頭邊回：「他那時管我管得很嚴，不希望我跟男生出去。」我繼續說：「他認為他那樣做是為你好。」這位女士很快地附和：「是啊，他確實是為我好。只是我當時沒有聽他的話。」

通靈繼續進行了三十分鐘，她的一位叔叔和阿姨也出現了，而且給了跟她家人有關的訊息。通靈結束時，我發現那位女子的表情放鬆許多，而且也不再焦慮。

「我想解釋一下我父親的事。」她說：「我二十歲的時候，瘋狂愛上一個男生。但我父親對他很不放心，不希望我嫁給他。可是父親愈不讓我做什麼，我就偏要反其道而行。我後來因為懷孕而結婚。孩子出生後，我和先生搬到別州。我先生幾乎每天都很晚回家，我大部分時間都是自己一個人在家裡帶小孩，過得並不好。我先生告訴我，他晚歸是因為加班，要多賺點錢。我因為太愛他了，從來沒有往別處想。結果，聖誕節前的那個禮拜，他有一天晚上回到家就說他想跟我離婚。我聽了好震驚。」

「他的理由是什麼？」我問。

「他說他不愛我了，而且他之前並不是在加班，而是去跟別的女人約會。我傷心欲絕，很想結束自己的生命。父親一知道後就趕來陪伴，幫助我度過了那段時期。我當初應該聽父親的話，他說得沒錯，我先生並不是一個能依靠和信任的人，但我當時太年輕了，不懂事，而且太想戀愛，所以沒看出來。你知道嗎？事情發生後，我父親從來不曾說過『你看吧，我早就告訴過你了！』這樣的話。」

我們的關係指導靈／者可能是某個在世的親人、朋友，也可能是自己的父親或母親，就如上述的例子。我相信這位女子的父親是在和她的靈界關係指導靈合作，希望她避免犯錯。然而，從另一個角度看，並沒有什麼所謂的「錯誤」，因為那是她必須學習的課題，而她的自由意志選擇了以那樣的方式學習。通常夫妻間的課題都是有業力因果的關係，因為他們要償還前世的類似行為。

如果你想跟你的關係指導靈建立連結並傾聽他的智慧，最好的時機莫過於你正要結束一段關係的時候。你可以問關係指導靈，你必須從這段關係學習什麼課題？你們之間有什麼業力責任？這段關係必須結束的原因？你的指導靈將幫助你了解你們倆人所訂的協議和關係模式。請記得，你之所以來到人間，為的就是不斷學習、進化與擴展意識。

第七章　療癒指導靈

靈魂在進化的過程中，累積了許多前世的知識和影響力，而且透過每次轉世，專業知識與技能也在不斷增強。「療癒指導靈」通常是在多次轉世都擔任醫師、護士或療癒師的靈魂，他們會指引在人世從事這類行業的人。每當我們的健康出現問題或是想要戒掉某種癮頭時，他們也會適時出現。

我的療癒指導靈

我初次遇見我的療癒指導靈是在我每週一次的通靈聚會。那次是我們的第四次聚會。我們一如往常地坐在各自的位子祈禱。在幽暗的燈光下，我漸漸感到非常疲倦，然後就陷入半意識的狀態。

當我從類似出神的狀態醒來時，我看了看四周的同伴並問他們：「剛才發生了什麼事？」

有人說：「你不記得了嗎？剛剛有個靈魂透過你說話！那個靈體講話有個口音。他說他是哈瑞．艾卓區（Harry Aldrich），是二十世紀初住在倫敦的一位醫生。」

由於我們有錄影，可以播放影片回顧，我很訝異地發現我當時除了說話的速度比平常慢之外，還帶著一種優雅和冷靜的英國腔，語氣就像我們所認為的那個年代的醫生——權威又節制。這位艾卓區醫師對我的健康提出忠告，並說他會協助我在未來將要從事的靈媒工作。

自那次通靈聚會後，艾卓區醫師就一直陪伴我。他協助我的腎上腺系統得以適當運用身體的能量。當我的活力減弱或身體累積過多毒素時，他會向我示警。此外，我在為人通靈和向大眾示範通靈的過程中，他也會幫助我淨化身體周遭的能量。

每當我的聽眾裡有人有身體狀況，艾卓區醫師會讓我知道該怎麼告訴那個人，要傳遞什麼訊息。我很高興我身邊不僅有幫助我與往生者溝通的靈界幫手，也有能夠幫助仍在世者的療癒指導靈。

療癒者的忠告

二〇〇二年，我和美國CBS電視台在討論合作《靈感應》影集。有一天，內定演出該劇女主角的珍妮佛．樂芙．休伊（Jennifer Love Hewitt）和我聯絡，說她是我的超級粉絲，希望共進午餐。幾天後，我們一起吃了一頓飯。之後，我們又多次共餐，並在該劇播出的五季期間建立了美好的友誼。

為了揣摩演出劇中那位能夠看到亡靈的女主角梅林達．戈登（Melinda Gordon），珍妮佛問我是否可以指導她我與靈界溝通的方式。我除了向她說明通靈的過程，也認為她本身應該要有這樣的經驗，於是便提議為她的母親和家人通靈。幾個月之後，我走進她母親位於聖費爾南多谷（San Fernando Valley）的住處。那一次的通靈，有好幾位珍妮佛家族的已逝成員出現，而他們透露的事也都得到了證實。

不過，那晚發生了一件連我都覺得很奇怪的事。每當我望向珍妮佛的母親，我都會看到艾卓區醫師站在她身邊，想要吸引我的注意。我知道如果他出現，一定是有跟某人身體相關的訊息。因此當他用濃重的英國腔說話時，我很仔細地聆聽。

艾卓區醫師以強調的語氣告訴我，珍妮佛的阿姨的乳房組織有些問題，必須立刻做乳房X光攝影。要轉達這樣的訊息，我必須非常小心，因為一方面要讓珍妮佛的母親知道事情的急迫性，另一方面又不能讓她過於煩惱。

珍妮佛的母親說她很樂意將這件事轉告她妹妹。過了幾個星期，有一天，我前往《靈感應》的拍攝現場探視珍妮佛。當時她正在她的拖車裡，一邊背台詞，一邊化妝。她一看到我，便立刻大聲說：「天哪！詹姆斯！你還記得你的指導靈給我媽媽有關我阿姨的訊息嗎？」

就跟我大多數的通靈一樣，我對發生的事通常都記得不多，這次也不例外。珍妮佛興奮地表示：「媽媽告訴阿姨那次通靈的事，於是阿姨去醫院做了乳房X光攝影檢查，結果發現她那裡長了一個惡性腫瘤。醫師說腫瘤還在很初期的階段，是可以治療的。」

當我知道我的指導靈艾卓區醫師的介入救了一條人命時，我既吃驚又開心。珍妮佛的阿姨和母親也很感謝能夠透過與靈魂的連繫，得到改變生命的忠告。

靈界醫師

如果有人問我，除了通靈，我最熱愛的事物是什麼？我的答案會是「教學」。能夠幫助別人憶起他們的靈性源頭，並且讓他們驗證自己的直覺力，這讓我感到相當充實。然而，最大的回報莫過於看到人們以嶄新的眼光看待他們自己並因此感受到自由。

幾年前，我曾帶領一門為期五天的通靈課程。第一堂課開始時，我問學員來上課的原因，以及他們希望從這門課程得到什麼。許多學員表示，他們想為別人帶來心靈的平靜，他們也認為透過靈媒的工作療癒他人會是很棒的事。

當在聽他們的回答時，我一直被一名學員吸引。她的氣場有股綠色的療癒能量，使得她在團體裡特別顯眼。但我不太明白原因，直到聽到她的回答。

她名叫蕊秋，說話很真誠而且很有同情心。她告訴我們，多年來她一直從事護理工作，最後的三年是在一家安寧療護醫院負責照顧臨終病患，幫助他們安詳辭世。我認為這是一份無私和重要的工作。我看得出來，她從事這個工作並不是為了得到別人的讚賞或感謝，然而靈界一直在等待時機向她表達謝意。

我後來在課堂上現場示範通靈，第一個接觸到的是名叫傑瑞的亡靈。他在七十八歲時死於肺炎。同時出現的還有瑪格麗特，她在八十一歲因中風過世。他們雖然一起出現，但彼此之間似乎沒有關係。當我告訴學員這兩位亡靈的資料，他們都沒有反應。我於是請我的指導靈明確地讓我知道這兩個靈魂是為誰而來。這時，蕊秋的頭頂上方突然出現了小小的金光。

蕊秋起初聽到這兩位亡靈的資料並沒認出來，但他們一再向她致謝，並要我告訴她蝴蝶的事。蕊秋一聽到就明白了。她低下頭說：「傑瑞和瑪格麗特是我照顧過的兩個病人。我經常告訴臨終病患把自己想成是毛毛蟲，即將羽化為蝴蝶，飛到另一個世界。」

這番話讓學員都非常感動。接著，傑瑞表示有幾個特別的人也來了。語畢，我立刻意識到有三個靈體也在現場：一個身穿白色醫師袍，戴著聽診器的女子、一個手上拿著便條紙本的男子，以及一個頭戴護士帽的女人。

最先開口的是那位白袍醫師。她說她是內科醫師，她和其他兩位都是蕊秋的療癒指導靈。男子生前是心理治療師。另一位女子則是曾在軍醫院任職的護士。當蕊秋得知這幾位指導靈一直都陪伴在身邊時，她非常訝異，但她隨即想到，她在照顧臨終病患的時候，有時腦袋會突然冒出對那個病人很有幫助的想法。蕊秋現在明白了，那是她的療癒指導靈給她的靈感。

更令人詫異的是，那位醫師要我告訴蕊秋，他們最近曾經協助她處理消化系統的問題，蕊秋也確認她很可能有胃潰瘍。心理治療師則說他曾努力影響蕊秋去見婚姻諮商師。蕊秋聞言也點頭說道：「對，我一個星期前開始去的。」

三位療癒指導靈繼續傳遞訊息。「你的胃會有問題是因為你一直壓抑情緒，壓抑你在婚姻裡的不滿。」我說：「他們很高興你終於願意尋求協助，和諮商師討論你的婚姻問題了。」蕊秋也證實，自從她開始和丈夫開誠布公的溝通之後，她的胃病已逐漸好轉。

來自蕊秋指導靈的訊息不僅不可思議的正確，也讓她知道了她的指導靈一直都在身邊，不只協助她照顧病患，也幫助療癒她的病痛。

第八章 靈感指導靈

靈感指導靈是已進化到較高次元的靈魂，他們傳授你更崇高和深奧的真理。你可以把他們想成是靈界的教授。他們對人類境況有較深的理解，並會短暫出現在我們的生命裡協助，有時會直到我們懂得並解決了棘手的心靈層面的難題。

每當我的靈感指導靈出現時，我總是可以察覺，因為振動會開始變快。他們會根據要提供的靈感內容以不同的面貌出現。在我撰寫《在天堂長大》（*Growing Up in Heaven*，一本有關往生小孩的書）之前，有一天，我在辦公室看到一群兒童靈繞著我的書桌跑。兒童指導靈是快樂的靈魂，如果我在示範通靈時看到他們出現，我就知道他們是要來提振觀眾的情緒，用他們的天真與開心感染觀眾。也因此，當我連續兩天都看到這些兒童指導靈在我的辦公室裡跑來跑去時，我就明白我的下一本書會是以兒童為主題。

靈感就像其他事物一樣，也同樣是能量。由於我們是能量的生命體，因此如果你想吸引你的靈感指導靈，最好的方法就是提升自己的能量層次。當我們處於各種極端的情況，譬如生病、情緒沉重、睡眠不足、工作太多和過度使用社群媒體時，能量的流動便會受阻。如果我們封閉自己的心，或是太過專注於其他事物，也不容易產生靈感。

由於靈感指導靈是在較高和更快的頻率上振動，當我們的能量低落和耗損時，他們幾乎不可能和我們連上線。但如果我們提升自己的能量，我們便可以做為更高振頻的管道，也更容易接收到靈感與啟發。我在本書的最後一篇會分享提升能量的練習，以便幫助大家獲得更多靈感。如果你想透過你的靈感指導靈得到訊息，做這些練習會是必要的。

尋找靈感

你的靈感指導靈希望你依循自己的心並忠於自我。有時，你選擇的道路也許不是別人希望你走的那一條，而這對你和他們來說可能很難面對。但我們每一個人都具有創造力，我們可以發揮創意來解決在事業、財務、人際關係或日常生活上所遇到的問題，但如果我們是以「小我」的角度來解決問題，情況可能會變得更糟。這樣的經驗我想大家都應該有過。

要如何從指導靈那兒得到靈感或啟發呢？首先，你要相信自己並不孤單，因為你的指導靈和靈界的朋友一直在你身邊，隨時準備提供他們的見解。當你有這樣的信心，你就可以要求他們給你解決問題的靈感，並且相信你一定會收到答案。

靈感指導靈會透過開啟我們的能量場，讓我們感受到悲憫、耐性、理解與愛，協助我們做好靈魂的課題。許多年前，我在世界知名的英國靈媒萊斯里．弗林（Leslie Flint）的降靈會上遇見我的靈感指導靈之一，安卓。他有一世是法國的藝術家，透過他的影響和幫助，我對靈界的感應變得更加敏銳，他也會在我寫書的時候協助我。事實上，我現在就感覺他在我身邊。靈感指導靈就像你的老師，他們會指引你，給你一些暗示或讓你有某種預感，然而，你必須依循才有意義。

我的靈媒老師

除了弗林之外，我也有不可思議的機緣認識許多靈媒前輩。好幾年前，我有幸和另一位英國靈媒前輩梅維思．皮提拉（Mavis Pittilla）會面。她從事通靈工作已近五十年，是一位德高望重的通靈人。她的導師戈登．希金森（Gordon Higginson）

是全球最了不起的物質靈媒之一（physical medium，譯注：即可以請靈魂移動物體或現出形體以供拍照的靈媒）。我那時在英國的布萊克浦（Blackpool）舉行在當地的第一場通靈。會後梅維思來找我並自我介紹。我們從那時起就成為好友，一同度過許多美妙和有趣的時光。

關於靈媒的工作，梅維思所說的一番話至今仍縈繞我心：「有許多靈媒是用頭腦工作，而不是靈魂。他們接收到訊息之後，會用自己的想法來解讀，但一個以靈魂溝通的靈媒則會讓亡靈用自己的方式來溝通，不會從中干預。」她的意思是：我們必須排除小我的干擾，讓亡靈以自己的方式說話。她還說：「總有一天人們會意識到：亡靈就在我們身邊，而且他們很聰明，知道如何對他們的摯愛親友傳遞訊息。」

有一回，我和梅維思共同主辦了一個搭乘遊輪前往澳洲的活動。在船上，梅維思私下提議進入出神狀態通靈，讓我看看她在通靈時的臉部變化。於是，有個晚上，她和她的搭檔琴恩就在我的艙房裡為我做了一次示範。梅維思閉上眼睛後，不到幾分鐘，她的臉就完全變了一個樣子。我清清楚楚地看見她臉部周圍和下方的氣場起了變化，她不僅眼睛變得更大，顴骨變得更高，連原本花白的頭髮也似乎成了褐色，與原先的模樣判若兩人。

我深吸了一口氣，仔細察看她的臉部變化。我注意到她一下子變得年輕許多，而且說話的聲音非常輕柔。她說：「這個地球跟我上次在這裡的時候改變了好多。很多事都不一樣了。我相信人類有了很大的進展，雖然有時候看起來像是在退步。」

由於琴恩曾看過這樣的場面，於是我問她說話的人是誰。她說：「那是愛瑪。她是歷史人物。她一直是梅維思的靈感來源。」琴恩看得出我並不認識愛瑪這號人物，於是進一步解釋：「她的全名是愛瑪・哈丁格・布瑞騰（Emma Hardinge Britten），十九世紀的人，也是通靈運動的女先鋒之一。」梅維思（愛瑪）聞言便點頭微笑。「那是愛瑪。」琴恩說道。

愛瑪告訴我們，她很喜歡我和梅維思所教授的課程，而且很高興能有機會搭乘遊輪出航，因為這是她在世時從未有過的體驗。聽到這句話，我們都笑了。也幾乎是在同時，愛瑪話說完就離開了，就跟她的出現一樣快速。

事後，我問梅維思為何她那麼容易就能連上愛瑪。她說因為她已有多年的通靈經驗，對她來說也就愈來愈容易，而且愛瑪經常透過她傳遞訊息，愛瑪進入她的能量場就像戴上她最喜歡的手套一樣自然。由於愛瑪對梅維思這個載具非常了解，也知道如何控制磁場、能量場和物理場域，因此只要梅維思放下意識心，愛瑪就能輕易出現在這個次元。不過，梅維思強調，即使是在出神狀態下，她還是保有一部分自己的意識。

我繼續問梅維思為什麼通靈看來對她如此輕鬆，而且那麼容易就能改變樣貌，她說是因為愛瑪生前在招魂術的背景，愛瑪很瞭解以靈力移動物體或改變相貌的運作方式。愛瑪是最早巡迴美國各地，對大眾宣揚通靈知識的靈媒之一，她也寫過好幾本書。此外，她曾經通靈過偉大的社會改革家羅伯特・歐文（Robert Owen），楬櫫了關於通靈的七項原則。這些原則至今仍為各地的靈媒所奉行。

靈界對我們的關注與影響，以及我們和他們之間的連結，總不斷令我感到訝異。

激勵人心的思想家

我在學習成為靈媒的期間遇過許多靈感指導靈。我還記得剛開始參加通靈聚會時，我感覺到房間裡明顯有股指導靈的能量。我不知道他是誰，也不知道他生前從事的工作，但他經常出現，而且只要他在場，大家的能量都會變得更強，所以他顯然跟調節我們那個空間的能量場，好讓其他靈體能夠接近我們有關。

我發現，這個指導靈似乎一直在進行跟能量有關的試驗。當我以心靈感應的方式請他傳送有關他（他是以男性的能量表現自己）的資料時，我會一點一點地感應到他的性格。他給人的感覺很誠懇，而且非常聰明和風趣，很有發明家的精神。他在好幾次場合曾明確告訴我，他會啟發我，讓我以不同的角度和眼光來看待靈界。他有時會顯得自滿，像是無所不知一般。

我問過他是否曾經在地球生活，他的答案是肯定的，而且他在地球的工作是啟迪大眾的思想，帶給他們新觀念，他提到他跟許多科學活動有關，但他不想透露太多他個人的事，他比較想協助我們這個團體增強對靈界訊息的敏感度和覺察力。

由於這個指導靈主要是在通靈聚會時出現，我沒有印象他在我獨自一人時曾經來過。唯一的例外是在我要開始寫第一本書的時候。我當時坐在我的辦公室裡，突然間，放在書架上的一支羽毛筆掉了下來，接著我就聽到有個聲音說：

「你認為這本書的內容真是出自於你嗎？是我們在你身邊給你靈感，讓你的腦海浮現字句，並且促使你提起筆，藉著你的手來表達我們的想法。那些你認為是自己創作的文字，其實是我們在靈界花了許多時間與心思傳遞給你的想法。你怎會認為是你獨自在做這件事呢？我的朋友，要知道，物質世界裡的所有事物都源自精神世界。你們的偉大藝術、文學、詩詞和科學發明，全都肇始於這個世界。」

起初，我不太理解他的意思，因為我的小我讓我以為那些都是我寫出來的。然而，那是很傻的想法，因為我旋即體認到沒有一個人是獨力創造出任何事物。所有的點子和想法都是由更高次元依序傳到較低的次元。

那位指導靈接著說：

「我是美國建國時期的作家，所以我瞭解要如何透過文字改變他人的思維。這也是為什麼我懂得寫作的藝術，也了解你想要做的事。」

聽到這些話，我真是目瞪口呆。我請他務必告訴我他生前究竟是誰。這時，我的腦海浮現一個不可思議的想法。

「我是富蘭克林，美國獨立宣言的起草者。」

經過了十八個月的通靈聚會後，我終於有了一個名字，一個明確的身分，而且不是普通人物，他是美國的建國先賢。他所說的話和傳遞的情感令我汗顏。從那一刻起，我知道我的身上又多了一份責任；我要忠實的傳達他和其他許多指導靈所傳遞的訊息，讓他們可以透過我這個管道來改變世人的意識。

靈感指導靈對我們的影響必然是為了我們的最高利益。有些靈感指導靈來自這個宇宙的各地，有些則來自和我們完全不同的存在層面。他們看起來可能像是個影子或一道光。由於每個人接收訊息和感應的方式不同，因此我們要學習如何辨識我們的靈感指導靈所發出的微妙訊息。

我在構思本書的下一篇時，曾向靈感指導靈請求協助，我請他們告訴我哪些是我們在人世時要努力學習的最重要課題。

第三篇

我的指導靈的教誨

第九章　如何對待他人

在構思本篇內容時，我靜靜的坐了大約兩個小時並傳送意圖給我的指導靈，告訴他們我希望透過這本書和讀者分享一些洞見。我並沒有具體說是哪方面的主題，我只是問他們，他們認為哪些課題對每個讀者都同樣重要？是世人都必須學習的？

我原先以為我會是在靜默的幾分鐘裡寫下一些字句。然而，我接收到的卻是閃現的記憶——我曾做過的通靈解讀以及我個人經歷的一些事件。為免遺忘，我把每個浮現的故事大要記了下來，就這樣寫了超過兩小時。接著我請指導靈把這些故事以主題分類。就在這時，我清楚看見金羽毛遞了一支筆給我。他的意思很明顯：這也是我要學習的課題。

出乎我意料的是，當我讀了自己憑記憶寫下的那些事情，我突然明白我的指導靈會希望我如何架構這些課題了。本章的三個故事是關於我們應該如何對待他人。我的指導靈特別強調這部分要放在最前面，因為他們認為，無論你有什麼樣的信念，你都應該是透過愛、慈悲和尊重他人的方式來表達。

下一章的三個故事是鼓勵我們忠於自己。我們每一個人都有自己的靈魂道路（也就是生命藍圖），所以沒有任何一種宗教或信念適用於所有人，我們可以自由選擇最能引起我們靈魂共鳴的那一個。

最後一章的故事與更高的真理有關。而本章所談的是我的指導靈認為我們在體驗人世這個物質次元時，都該遵循的真理。

第一個課題：切勿評斷他人

幾年前的一次通靈經驗給了我很大的啟示。有位女子在母親過世後，前來找我通靈。她說她母親的家人都死在納粹的集中營，她母親海倫歷盡艱險才逃出來，但從此鬱鬱寡歡，惶恐不安，好幾十年的時間都活在過去的陰影裡。

通靈才剛開始，海倫的靈魂幾乎立刻就出現了。她滔滔不絕的說著她過世那一晚所發生的事。「我醒來之後，發現自己躺在醫院裡。病房很乾淨潔白。我的心裡感覺很舒服，心想這裡一定就是天堂了。後來，我發現病房裡還有另一張床，於是就走了過去。我看到床上躺著一個男人。當我靠近他時，他張開了眼睛，對我微笑。我突然認出他的身分。他就是集中營裡的那個警衛。我害怕極了，心裡生出一股衝動，想用枕頭蓋住他的臉，悶死他，但旋即就意識到我們兩個都已經死了。」

當我轉述到這裡，我看了看海倫的女兒，發現她一臉震驚的表情（就像我一樣）。接著，海倫又說：

「那個男人也認出了我。我看到眼淚從他的臉頰滑落。他想跟我說個故事，但他沒有開口，那些話便自動浮現在我的腦海。他說他不是德國人，之所以在集中營工作也不是出於自願，而是因為他很清楚，他如果不這麼做，下場會很淒慘。他的家人都還在南斯拉夫，他很想回去和他們團圓，因此只能奉命行事。聽到這裡，我突然有個感覺，為了他，也為了我自己的靈魂，我要原諒他。於是，那一整天我都陪在他身邊。我們談到世間的仇恨、世人的偏狹心態，以及它們對我們的生命所造成的傷害。他當年的所作所為確實不對，我無法為他合理化，但他本身其實也是受害者，我們兩個人都是。因此，我覺得我必須原諒他。」

海倫補充道：「我是在離開醫院後，才知道那個南斯拉夫男子早在許多年前就過世了。他自願來醫院與我相會，幫助我療癒我的靈魂。這是我的指導靈的安排，因為指導靈知道我必須看到事件的兩面，才能放下過往，向前邁進。」

我告訴那位客戶：「你的母親想要你知道：她正沐浴在無條件的愛的光裡。她現在在一個很美麗的地方。當她寬恕對方的過錯之後，她也放下了這一生的沈重包袱。你的母親說：『允許自己去愛。我現在和家人都在光裡了。我終於得到了平靜。』」

我們或許很難想像要怎麼去原諒一個殘忍對待和傷害我們的人，但有些靈魂選擇了我們難以理解的艱難人生。如果我們對對方一直抱著負面想法，只會讓自己更不好受。我們每個人都有自己的價值觀與目標，因此當別人做了不對的事，我們不免會評斷對方。但就如海倫所悟出的道理：她終其一生都把自己視為受害者，結果只是讓自己悲傷和意志消沉。直到她與自己和好，並且原諒了那位本身也是受害者的警衛之後，她才得以自由，從過往中解脫。

第二個課題：己所欲，施於人

我的指導靈教導我一個觀念：仁慈對待他人比起每個禮拜上教堂或是每個月把十分之一的收入奉獻給教會，對你的靈性進化更有幫助。他們也說，親切待人跟對人冷漠或粗魯所花的時間是一樣的，何不親切待人。當你對別人表達善意，表示你認知到對方值得你的愛與光，而且你可能永遠不會知道你的善意舉動所帶給別人的正面影響。也許對方當時正處於困境或心情低落，或正經歷你不知道的辛酸，而你的親切與善意提振了他們的心情，使得他們能夠做出正確選擇。確實，一個善意的舉動說不定就能幫別人一個大忙。

我們都知道當別人對我們好時，我們心中的那種感覺。哪怕對方只是給我們一個微笑、對我們點點頭或比出一個手勢，我們都會感到溫暖。舉個例子，對一個像我這樣經常出入機場的人，即使只是有人幫我撐住門，讓我通過，可能都會是那一整天當中我遇到的最棒的事。

我們都聽過「業力」這個詞。它最簡單的定義就是：你所給出的能量，無論好壞（正或負面），最後都會回到你身上。這個能量可能回來得很快，也可能需要一段時間。

有一次，我去超市買東西。當逛到某個走道的轉角處時，看到一個老婦人正伸長手臂，想要拿貨架上的一個罐頭，可是那架子比她高出很多，她根本搆不著。當時走道上沒有別人，因此我打算過去幫忙（雖然我只比她高了兩吋）。就在這時，有位高個子的年輕人從對面走了出來，他一看到她的情況，立刻三兩步跑來幫她拿下罐頭。他們兩人開始有說有笑的聊起天來。我雖然聽不到他們在說些什麼，但可以感覺到她對他非常感謝。

大約十五分鐘後，我在櫃台前排隊準備結帳。那位年輕人剛好也在旁邊的結帳隊伍裡。不久，老太太也推著她的購物車走了過來。年輕人一看到她，便和她打招呼：「瞧，我們又碰面了！」他結完帳後，又繼續和老太太聊了一會兒。當收銀員把老太太買的東西都放進了袋子裡，並問她是否需要有人幫她把東西拿到她的車上，老太太有些遲疑，但年輕人立刻向收銀員表示：「我也正好要往那個方向。我很樂意幫忙！」說完他便陪老太太一起走了出去。

排在我後面的一位婦人此時忍不住說道：「我真希望我媽媽一個人在店裡買東西的時候，也能碰到這個小夥子！」我心想：「可不是嘛！」

第三個課題：不抱期待的付出

布萊恩現在已經不那麼常跟我一起出去旅行了，他比較喜歡留在家裡陪伴我們的狗。我們以前曾經多次出遊，記得有一次是從洛杉磯機場出發，先飛往波士頓停留，再去麻薩諸塞州的普羅威斯頓（Provincetown）度假。

當時我們搭乘的班機坐得很滿，但是當空服員把機門關上時，我們那一排靠走道的位子仍是空的。這表示原本在中間位子的布萊恩可以坐到那兒去，我們兩人的中間就是空位，不必擠在一塊兒。坐在走道另一邊、位於我們前排的兩名男子顯然也很高興，因為他們中間的那個座位也沒有人坐。

當時，飛機還停在登機口，尚未起飛。過了幾分鐘，機門重新打開，一名少婦進來後，沿著走道朝我們的方向走來。她身上背著一個大包包和一個媽媽包，手裡還抱著一個小嬰兒。她慢慢走著，一邊在看座位號碼。這時，我聽到前面那兩個男子當中的一位小聲嘀咕著：「拜託，千萬不要！」偏偏那個少婦就在他們那一排停下來，對著他們靦腆的笑著。有好幾秒的時間，他們三人就這樣互相對望。看來那兩個傢伙的臉色不是很和善。

就在這時，布萊恩指著他旁邊的座位說：「你來這兒坐吧。靠走道的位置對你來說可能比較方便。」坐在前座的人聽到這話，紛紛轉過頭來看著我們，臉上的表情用「震驚」還不足以形容。當那少婦看出布萊恩確實是一番好意時，很有禮貌的接受了。我們見她肩上揹著皮包和媽媽包，懷裡抱著嬰兒，仰頭看著上方的櫃子，在想著該如何把行李放上去。布萊恩知道她必須先把小嬰兒放下來，才能安頓行李，於是便對她說：「如果你願意的話，我可以幫你抱小孩。」

於是，她把孩子交給布萊恩，開始安置行李。她把小嬰兒會用到的物品留在身邊，其餘的放到頭頂的行李櫃。她坐好後，把小孩接了過去，飛機就起飛了。她向我們道謝，並問我們要去哪裡。由於她剛好住在波士頓，在得知我們打算在那裡先停留幾天後，她給了我們不少觀光景點和餐廳的好建議。

飛了大約一個小時，小嬰兒開始比手畫腳，顯然想到布萊恩那兒去。少婦對小嬰兒說：「不行，寶貝，你要待在媽咪這兒。」布萊恩聞言便對她說：「如果你不介意的話，我可以抱她。」後來，那小嬰兒就躺在布萊恩懷裡睡著了，少婦也在自己的位子上好好睡上一覺，直到機長廣播飛機即將降落。

當我們把飛機上的事告訴我們在普羅威斯頓的友人，他們的反應都是：「哇！你幹嘛要那麼做呀？」然而，我們回到加州的住處後，布萊恩向我吐露，抱著那個小娃娃，讓她在懷裡睡了四個小時，是他此行最美好的回憶之一。

第十章　忠於自己

在這個物質次元裡，沒有任何人比你更懂你自己，但我們往往卻情願從別人的眼裡來衡量自己的價值，或是讓別人把我們的善良視為軟弱。我的指導靈之所以讓我想到以下這幾個故事，為的是提醒大家：你的生命藍圖是由你的靈魂擬定的，你可以透過與靈界的連結了解自己的生命目標。因此，為什麼要讓別人來替你決定人生的方向呢？

第四個課題：不要放棄自己的力量

絕不要看輕自己。你是「源頭」的化身，是偉大的靈魂。每個人都被賦予了生命的精華，是圓滿俱足的個體，擁有與生俱來的神性。只要你記得這點，你就不會那麼容易看輕自己，放棄自己的不凡潛能。但可惜的是，許多人對自己的力量沒有什麼信心，甚至沒有意識到自己所具有的潛能，以致放棄力量，讓自己受制於人，或是為了得到別人的愛而依照他人的期望行事。事實上，如果你能發揮自己的力量，你就能解決困難，過著屬於你的幸福生活。因此，我們必須花時間透徹認識自己。要知道，你永遠都是神聖的存在體，沒有人可以抹煞這點。

當你相信自己來到人世必然有個原因，當你肯定自己存在的重要，並且重視自己的感受時，就沒有人可以忽視你的存在或削弱你的力量。你的生命就是力量，而且你是神聖整體裡很重要的部分。你內在的神具有偉大的力量，能夠賦予你他人所沒有的活力和生命力，因為你是一個獨特、與眾不同、個體化的光體。沒有人能夠剝奪你的自由。縱使你的肢體受到限制，但你的思想可以使你自由，而且你永遠都可以選擇自己的想法。絕對不要放棄你對自己的責任以及自身的特質，也絕不要讓別人剝奪這一切。

有一天，我和朋友瓊妮一起喝咖啡。她是名聲響亮、事業有成的女企業家，二十五年來都是自由業者。在聊天時，我們談到人們有時會太被體制束縛，以致完全沒了自我，一味的照著別人的期望生活，沒有做自己真正想做的事，也因此虛度人生。說到這，瓊妮告訴我發生在她身上的類似經驗。

她說：「我從小就夢想要當個廣告製作人。我以前常常一邊看電視廣告，一邊想：這些廣告是不錯，但如果我來做可以做得更好。廣告可能只有六十秒，但我在觀看時，腦袋會冒出好多好多的點子。我大學學的是廣告和行銷，畢業後就在紐約曼哈頓一家全國頂尖的廣告公司工作，擔任廣告文案的助理，我當時的主管叫保羅。」

「我非常渴望被別人接納並讓保羅看到我的實力，因此無論他叫我做什麼，我都沒有拒絕。我幫他修改文案，提供他許多點子，甚至還幫他挑選開會時要穿的襯衫和搭配的領帶。這一切都是為了要被他看到，得到他的認可。我在那裡的頭一年，每天都帶很多工作回家，我不僅要照顧許多客戶，還得經常找藉口掩護保羅出軌的事。」

「我記得，在第二年有個叫瑪莉．艾倫的女子到我們公司上班。保羅對她很有好感，問題是他已經結婚了。儘管如此，保羅還是想親近她。於是，我為他安排行程時就經常製造機會，讓他們兩人可以出席同一個場合。後來，他們開始交往。不久後，他外遇的事被公司發現，搞得天下大亂。公司主管調查時發現，保羅除了婚外情，還瞞著公司私下接了好幾個客戶的生意。然而，東窗事發之後，保羅把所有的責任，包括他和瑪莉．艾倫會面的事都推到我頭上。公司後來採信他的話，於是，我成了他的代罪羔羊。我後來幾乎是被保全人員盯著離開公司的。」

「我離開後一直無法在廣告界找到任何工作，這讓我既傷心又憤怒，有好幾年的時間心裡一直在責怪保羅，認為這一切都是他害的，直到有一天，我開始對自己的這種心態感到厭倦，心想：「**如果我當初為自己的行為負責，並且能夠肯定和尊重自己，而不是去迎合、滿足別人對我的期望，也許我的人生就不致如此了**。無論如何，我現在有了一些成就，而且我很喜歡自己。」

「我跟你說，詹姆斯，自從我開始覺察自己平日所說的話，並且取回自己的力量，不再被別人的想法左右之後，我的人生就開始起飛了。我後來接到很多公司的工作邀約，我還不得不回絕一些案子！可以這麼說，我的人生是在我接受了自己之後才真正開始的。」

我聽完後給了瓊妮一個擁抱。我說：「你做得很對。這是勇氣的課題。你當時不該繼續待在那間公司了，因此你的指導靈把你帶往別的方向。我們每個人學習課題的方式都不同。有些課題比其他的課題辛苦許多，尤其是當我們投入和付出了所有的時候。」

你要決定自己在生命裡所要扮演的角色，這一點非常重要。絕不要讓別人操控和左右你的人生。如果你放棄自己的獨特而去取悅他人，這不僅在傷害自己，也對不起宇宙。不要輕易否定自己的能力，也不必急於向別人解釋自己的信念。不安全感源自脆弱的自我。你要忠於自己，並且勇於表達自我。

你一定要愛自己，並且發掘真正的自己，認識自己。如果你不先愛自己，又要如何去愛別人？記得，你相信自己是怎樣的人，你就會成為那樣的人。

透過感受是認識自己的方式之一。所有的感受都是真實的。我們無須評斷，只要檢視自己當下的感受，並且自問：「我為什麼會有這個感受？它的目的是什麼？」即使你覺得自己的感受有些可笑或不合理，甚至不值一提，但它們會浮現自然有其原因。表達自己很重要的一點在於釋放情緒而不傷害到他人。你可以表達你的感受，只要不傷及他人。如果你一直壓抑自己的感受而不表達，你的能量會停止流動，並且逐漸阻塞，久而久之，這些阻塞的能量可能讓你變得有侵略性並且導致病痛產生。

第五個課題：選擇適合自己的信仰

我經常到美國東岸各地授課和演講，工作結束後便從那裡飛回西岸的聖地牙哥。我最近一次是從紐澤西州的紐華克搭機回去。在飛行時，一位空服員開始詢問乘客對晚餐的選擇。她一個個地問，稱呼我們的全名並做記錄。她問完離開後，坐在我旁邊的男子轉頭看著我，問道：「嘿，你就是那個常常跟死人說話的詹姆斯．范普拉嗎？」

我雖然已經工作了一整個星期，感覺非常疲累，還是幽默答道：「沒錯！不過我偶爾也會跟活人說話！」

「我叫丹尼。」男子開始自我介紹，說他今年三十四歲，在海岸防衛隊服役，過去這幾年一直在研究世上的各種宗教與信仰。我心想：「唔，這個人可能挺有意思的。」於是便問：「那你有任何結論了嗎？」這時丹尼說：「我是在跟你開玩笑啦。其實我根本不相信任何宗教，也不相信你那一套，剛才只是故意那麼說，看你會有什麼反應。」

我被他這番突如其來的唐突表述嚇了一跳，心想：「接下來的五個小時我要怎麼度過啊？」但我立刻意識到：我的指導靈會做這樣的安排，必然有其深意。因此，眼前我有兩個選擇——我可以情緒化，也可以客客氣氣的回應。我選擇了後者。

我問丹尼是否看過我通靈解讀，他沾沾自喜的答道：「沒有，也不需要。我知道很多『冷讀』（cold-reading, 指在不認識對方的情況下，說出對方的許多性格特徵）的技巧。只有笨蛋才會相信神、相信死後的生命這類讓自己不好好過唯一一世生活的傻話。」

我於是問：「那你所謂的『神』指的是什麼呢？」他聳聳肩答道：「就是那個在

雲端上寫聖經的老傢伙呀。」
「啊，」我說：「我也不相信那個呢！」
丹尼噗嗤一聲笑了出來：「那你相信什麼？宙斯？索爾？還是飛麵大神？」
「不，我也不相信這些。」我搖搖頭說道。「我不相信任何神祇。」
這下，丹尼想必以為他抓到了我的小辮子。他說：「那你不就是個無神論者？」
「嚴格說來，我是個無神論者。但這不表示我不能相信世上有靈魂或死後的生命。我可以建構任何能讓我快樂的信仰，只要這個信仰能促使我去關心別人，而且不隨便評斷別人就可以了。」
丹尼很聰明。他明白我是間接在說我們剛見面時的情形。「是啊，但我還是不喜歡你們這種人，因為你們都在灌輸人們一些沒有經過證實的說法。」
「我不認為我灌輸了別人什麼。」我說：「我只是說我自己相信的東西。至於別人要不要信，那是他們的自由。我沒有立場去告訴別人他們怎麼做才是對的，或怎麼做是錯的。」
丹尼沒有回應，反而開始看起電影，大概是不想再聊下去了。我並不指望他會修正他那咄咄逼人的態度，但看完電影後，他拿下頭上的耳機，拍了拍我的肩膀。
「嘿，詹姆斯，抱歉，我剛才真的很差勁。就算我們的觀點不同，我也沒有權利對你那麼尖酸。」我接受了他的道歉。在後來的那段航程，我們聊得很愉快。

我相信每個人都有權利選擇自己要相信什麼，並且應該受到尊重。我們之所以會是今天的自己，都是因我們的生命經驗和從小所受到的教育造就而成。粗魯無禮或謾罵、取笑他人，這些都是小我需要藉著攻擊、指責、逃避和投射來保護自己的方式。

信仰並無所謂對錯。接受能讓你產生共鳴的教導。每個靈魂所選擇的道路不盡相同，但所有的道路都在同一張地圖上，而且最終都會帶我們回到家。你只要循著那條能觸動你心靈的道路前進就可以了。

第六個課題：做自己

雖然我們生活在一個不完美的世界，我們卻是神所創造出來的完美靈魂。如果你觀察大自然的現象，就會發現岩石、樹木、花朵、山、水等等，都是形形色色、種類繁多。沒有人設計得出大自然的美。同樣的，你也是這個創造的一部分，你是完美的造物。如果你因為害怕被別人取笑而隱藏自己的真實樣貌，別人就看不到你的光采。我在還是個小男生時就明白：儘管我在別的小孩眼中是個「怪人」、「異類」，我還是必須做自己。

我在和指導靈談到這個功課時，想起了我的朋友奧莉維亞。她無疑是一個非常特立獨行的人，而且從不怯於展現她的獨特。她喜歡探索，因此跟她在一起是很特別的經驗。她不僅個性古靈精怪，也有獨特的幽默感，天不怕地不怕，因此很受大家喜愛。

我和奧莉維亞是在三十年前透過我的朋友莎拉・史帝文森（Sarah Stevenson）介紹認識的。當時，我們三人和其他幾位友人組了一個通靈聚會團體，我們有好幾年的時間一直維持每星期聚會一次的習慣。那段期間，我和莎拉以及奧莉維亞成了好友，三個人經常在一起討論哲學和對靈界的看法。你可以說我們是在靈性道路上同行的夥伴，彼此會分享見解和經驗。

在通靈聚會以外的時間，我們也很樂於和其他志同道合的人接觸。有一回，我們參加了物質靈媒萊斯里・弗林所主持的通靈聚會。他用一種名為「靈質聲盒」（ectoplasmic voice box）的裝置讓亡靈得以透過他發聲。據那些亡靈的親友表示，呈現的聲音聽起來就跟他們生前一模一樣。我記得很清楚，有個亡靈曾對奧莉維亞說話，並說她「不按牌理出牌」。眾人聞言都哄堂大笑，因為奧莉維亞確實就是那樣。聽到來自靈界的亡靈說出我們都知道的事，那種感覺真的很奇妙。

奧莉維亞擅於表達自己的想法，個性豪放不羈，而且熱衷於探索新事物。她總是想知道人們為何會做出某些行為，而且會費心去找出答案。說她「另類」還是很委婉的說法。她常對我說：「我必須做自己。」事實上，她也無法不做她自己。和奧莉維亞在一起真的很開心。有她在身邊，即使是芝麻綠豆大的事也會變得很好笑。

我還記得有一個星期六的傍晚，我開車載她回家。那時天色尚早。我們沿著前往她家的那條道路行駛，看到路邊有戶人家燈火通明，似乎正在舉行派對。奧莉維亞見狀便要我把車子停下。我看得出來，她被那群正魚貫走進房子的賓客吸引住了。

不久，她轉頭看著我，問道：「你想去嗎？」我說：「可是我們誰也不認識呀！」奧莉維亞聽了只是聳了聳肩，便逕自下了車，朝著那房子直奔過去，一邊跑一邊大聲說：「總會認識一兩個的！如果有人問起，你就說你是麥克的朋友。」

我簡直不敢相信我們居然會要闖入別人的派對，但看到奧莉維亞興致勃勃的要去「冒險」的模樣，我也覺得有趣起來。那房子的大門是敞開的，因此我們就故作平常地晃了進去。裡面至少有四十位以上的客人聚在客廳。客廳的一頭擺著一張巨大的餐桌，上面放滿了各色各樣的自助式餐點。由於我們一整天都沒吃東西，便忙不迭的拿起盤子開始取食。正當我們把一些看似美味的麵點和蔬菜放在盤子裡時，站在奧莉維亞旁邊的一名年輕女子開始和我們搭訕。「好棒的一場派對，對吧！」接著，她問奧莉維亞：「你是誰的朋友？」

只見奧莉維亞毫不遲疑的露出微笑，答道：「喔，我是麥克的好友。」女子說：

「是喔？」奧莉維亞面不改色，繼續回答：「是啊，我們認識好幾年了！」女子也回以微笑並說道：「太好了！麥克不小心把食物給灑了，弄髒了襯衫，得去換套衣服。他一分鐘之前才上樓去的！我相信他一定會想跟你們打聲招呼。」

眼見奧莉維亞愣了一下，似乎沒有料到她會這麼回答，我便趕緊插嘴：「太好了！我們也很想看到他呢！好久沒見到他了！」這時，奧莉維亞悄悄用盤子頂了我一下，並把頭歪向一邊，意思是我們應該趕快吃了就溜之大吉。於是我們兩人走到後院，在一張野餐桌旁坐了下來，開始狼吞虎嚥。不久，我們聽到從二樓一扇敞開的窗戶裡傳來：「麥克，再去拿一盤食物吧。這回要小心了！」

我們一聽到便連忙從房子的邊門溜了出去，回到我們停車的地方。一進到車裡，我們便開始放聲大笑。我這輩子連闖入別人派對的念頭都不曾有過，更別說真的這麼做了。但生性自由奔放的奧莉維亞從不自我設限，她比誰都清楚：既然上帝把她造成那樣，她就要真實活出自己，否則就是褻瀆上帝。

由於我和奧莉維亞感情很好，因此我們約定：無論誰先到靈界，都要立刻告訴對方，並分享自己的經驗。令人難過的是，我後來發現，她很可能會比我先走一步，因為她後來中風，行動和語言能力都受到影響。雖然她風趣機智依舊，而且腦袋靈活，但她的身體卻跟不上了。這對她來說是很大的打擊，令她頗為痛苦。

去年的某個夏日，我在開車時，腦中突然浮現奧莉維亞的身影。我聽到她說：「我是來告訴你，我終於脫離軀殼了！」我在心裡問：「你走了？什麼時候的事？」我聽到她清晰響亮、有如從電話中傳來的聲音：「今天！」說完，她的身影就消失了。

兩小時後，我回到家，立刻查看電子郵件，果然看到奧莉維亞的女兒來信，通知我她母親當天過世的消息。我抬起頭，對著天上微笑，心裡對奧莉維亞說：「再見了，我親愛的朋友！」

我後來在冥想時看到奧莉維亞出現，我請她稍候，然後開啟手機的「錄音」功能，把她對我說的話唸了出來。

> 「我不得不說這真是很奇妙的經驗。起初我以為我在做夢，因為我知道自己剛才在床上睡著了。我最先看到的是我父親、哥哥，還有一個超過六十年不曾見過的爺爺。我覺得很奇怪，一直問他們：『我死了嗎？』如果我真的死了，這種感覺還真美妙。有很多人來跟我打招呼，有些我認識，有些不認識，可是我知道他們都曾經被我以某種方式觸動，甚至只是有過短暫交集的人也來迎接我。
>
> 來到這裡之後，我才發現自己過去對別人的幫助或傷害有多大。你必須要留意自己的想法和所說的話，因為它們會造成實質的影響。當我問某人怎麼會認識我時，他

們把一個回憶片段投射到我心裡，就像放映影片一般。就連我問我是怎麼認識他們的，他們也要我在心裡尋找回憶，然後相關回憶就會出現，像是在觀看自己拍攝的家庭影片一樣。

死亡只是回家，重新回到那個已被我們遺忘的真實自己。感覺起來，我之前在人世的生活彷彿是處於生命暫停的狀態，在這裡，連花朵都充滿驚人的生命力，看起來既莊嚴又美麗。這個地方真的就是反映了你的靈魂樣貌。

而你，詹姆斯，我的朋友，你確實是我的人間嚮導。謝謝你幫助我看清生命的種種，讓我認識這個充滿光的世界。」

聽到奧莉維亞的這席話，我很訝異，也忍不住問了她一個很實際的問題，她的回答一如她生前的獨特風格。

我問：「你遇見山姆．法蘭西斯（Sam Francis）了嗎？」法蘭西斯是我和奧莉維亞都很熟識的一位知名藝術家。奧莉維亞曾經為他工作一年，他答應要為她特別畫一幅畫當作報酬。不幸的是，他還沒來得及實現承諾，就在一九九四年因攝護腺癌而過世。當她告訴我她在靈界和他重逢的那一幕，我不禁笑倒在地上。

她說：「是的，我看到他了。他交給我一幅畫，我看著他說：『這還來得真是時候哩！謝謝！心領了，我可用不上了！』」

在靈界的奧莉維亞依舊保有她獨特的個人風格。她讓我學到，我們不該隱藏自己的獨特，因為當我們表現出自己與眾不同的地方時，說不定對別人的人生會有正面幫助或鼓舞。這世上有太多人覺得自己必須符合社會的規範，他們甚至因此壓抑天生的性格與特質，我也曾經如此。而我很幸運，認識了像奧莉維亞這樣的人，她不僅走在自己要走的路上，她還是個開路先鋒。

第十一章　普遍的真理

第七個課題：把吃苦當做功課

我認識一個小男孩。他很生氣在那麼多人當中，上帝偏偏挑中他，讓他的脖子長了一個很大的腫瘤。他很乖，而且還在教堂裡擔任輔祭男童。所以這樣的事為什麼會發生在他身上？他認識很多比他更該長腫瘤的男生，尤其是學校裡那些看他長得矮小而欺負他的人。但現在他脖子上的這個腫瘤只會讓那些人更加嘲笑他。他才九歲，不明白這世界何以這麼不公平。

他的父母安排他做了一連串檢驗，找了許多醫生診察他的脖子，最後他們認為最好的方法就是開刀，把腫瘤切除。

於是，在一個星期一的清晨，他的母親開車帶他到紐約市的「曼哈頓眼耳喉科醫院」（Manhattan Eye, Ear and Throat Hospital），住進那裡的兒童病房。病房裡的小孩大多數是來切除扁桃腺，和他的情況並不相同。他的母親把他安頓好後，就在那裡陪著他，直到探病時間結束。當要離開時，她親了他一下，和他道別，並對他說：「為了我，你可要當個堅強的小士兵唷。」

病房裡有好幾張床，裡面的孩子可以互相聊天玩耍。但沒有人想跟這個脖子上有顆腫瘤的陌生小男孩一起玩。他既傷心又沮喪，不明白他們為什麼要對他這麼不友善。他感到好孤單。

他獨自一人坐在遊戲桌旁，想著想著，越來越難過，開始哭了起來。不久，他聽到有個聲音問：「你為什麼在哭？」他抬起頭，看到一個小男孩坐在旁邊。那小男孩向他自我介紹，說他名叫法蘭奇。他告訴法蘭奇他因為外表的不同而被其他孩子嘲笑。法蘭奇說：「哎，他們不懂啦！我認為你那個腫瘤很酷。它表示你內心有很多美好的東西，多到要爆漿了。你為什麼不把自己看成一個有特異功能的超人呢？」聽到這番話，他忍不住笑了起來，並問法蘭奇：「那你呢？你為什麼會在這裡？」法蘭奇告訴他：「因為我把一根鉛筆插進耳朵裡，把耳朵弄傷了。」說完兩人便大笑了起來。慢慢地，其他小孩也陸續加入並一起玩耍。多虧了法蘭奇。

第二天一早，小男孩被送進手術室。醒來後，他開始猛烈嘔吐。由於打了麻醉藥的關係，他的頭昏沉沉的，他望向四方，一時不知道自己究竟身在何處，直到感覺到脖子上裹的大繃帶，才想起是怎麼回事。

那天稍晚，在他較為清醒後，他第一個念頭就是要讓法蘭奇看他脖子上的繃帶，但他發現法蘭奇已經出院了。然後，一個接一個的，病房裡那些已經接納了他的孩子也相繼出院，換成另一批要切除扁桃腺的小孩住了進來。他想到自己有半邊臉都被那大大的繃帶遮住，開始擔心他們會怎麼看他。當新來的小孩都被安頓好，家長也都離開之後，他們開始互相打量。其中有幾個小孩盯著他脖子上的繃帶看，但大多數人都把注意力放在另一個嘴巴看起來很奇怪的男孩身上。他的上唇無法閉合，嘴唇到鼻子還有一條疤，鼻子也有點歪斜。

小男孩發現自己不再是大家矚目的焦點，先是鬆了一口氣，但他看得出來，那個嘴唇怪怪的男生很不開心，也很害怕。那個男生的模樣讓他想起法蘭奇最初來找他時，他也是那樣的害怕神情。於是，他知道自己必須要怎麼做了。

他走到那個小男孩的床邊，對他說：「嗨，我是詹姆斯．范普拉。你叫什麼名字？」

出院後，我的母親帶我去帝國大廈頂樓參觀。當我們搭乘地鐵前往時，車廂裡面非常擁擠，乘客互相推擠著找座位坐。我置身在那些高大的大人堆裡，覺得自己好渺小。當我們在帝國大廈的大廳排隊，等著搭乘通往頂樓的電梯時，我幾乎按捺不住心裡的興奮。電梯抵達大廳時，我緊抓著母親的手走進去，和一大群人擠在那個狹小的空間裡。電梯上升的速度好快，我都能感覺胃在往下墜，母親牽著我的手也變緊了。

到了頂樓，通往戶外觀景台的電梯門一打開，我立刻跑到欄杆旁往外張望。那是我這生從未見過的景象。整座城市在我眼前一覽無遺，所有的東西看起來都像是一個個小點。四下悄無聲息，聽不到腳下城市的喧囂。放眼望去，盡是一片湛藍的天空綴著朵朵白雲。景色之美，令我流連徘徊，捨不得離開。但最後，母親還是抓住我的手，把我帶開去看另一邊的景觀。

從高處俯瞰紐約市的經驗改變了我看事情的觀點。當我從那樣的視角觀看時，一切事物有了不同的意義，因為我看到了我現在所稱的「事情全貌」。我回想起住院的時候，感覺有一隻看不見的手在教導我一門重要的功課。最初，我覺得上帝對我不公平，讓我長了腫瘤，而今事過境遷，我感覺那次受苦是上帝給我的禮物，因為我後來不僅身體健康，還學到了同理心這門寶貴的功課。

現在，每當我面對人世的紛爭擾攘，總會想起當年在帝國大廈頂樓的觀景台所看到的景象，我因此能提醒自己要看全面、看大局，心思也就又能專注在重點上。每當我看到脖子下方的那道疤痕，總覺得它像是一枚表彰我的勇氣的徽章。我很高興身上有這道疤，也引以為榮，因為它代表我通過了上天給我的考驗；我沒有屈服，沒有變得消極負面，反而找到內在的力量去愛自己，並且也與他人分享這份愛。

第八個課題：思想創造實相

物質次元的一切皆源自思想。也因此我們有能力主宰自己的生命，規劃自己想要的生活。如果我們把自己的恐懼和不安投射在他人身上，也就會創造出莫須有的恐懼和不安。

在這個世上，每個人都是創造者，我們有責任有意識地做出有益的選擇。身為靈性的生命，喜悅是我們的天性，但日常生活的煩惱常會讓我們忘了我們的靈魂都內建了這個可以平衡能量和創造和諧的喜悅要素。

我住在加州南部的聖地牙哥郡，這裡是銀髮族聚居的地方，天氣很好，食物很棒，還有一種獨特的自由氛圍。但它也有缺點，其中最明顯的大概就是高速公路的交通狀況了。

有一次，我要去洛杉磯開會。有好幾個朋友都建議我搭火車前往，因為這樣會比開車上聖地牙哥的高速公路輕鬆許多。我聽從他們的建議，買了火車票，準備搭乘兩個小時的火車去洛杉磯。上車後，我等了至少十五分鐘，但火車仍未開動。隨著時間一分一秒的過去，我開始納悶是否出了什麼狀況。就在這時，我注意到月台傳來嘈雜聲。

我望向窗外，看到一名女性站務人員扶著一個老人家朝這班火車走了過來，手上還提著一個放寵物的籠子。她把老人和寵物籠裡的小狗帶上我所在的車廂，把他們安頓在我前面兩排的位子後，便開始滔滔不絕地稱讚那隻狗有多可愛，沒想到老人打斷她的話，對她說：「你可以走了。我不想被打擾，也不需要人照顧。」那位殷勤的站務人員嚇了一跳，連忙離開車廂。

過了一會兒，火車終於出站。但才上路沒不久，那隻狗就開始嗚咽。我聽到坐在老人附近的一名婦人對他說：「如果你想把你的狗放出來，抱著牠，我想這裡的人都不會介意的。」

老人立刻反駁說：「牠在那裡很好。牠不喜歡陌生人。你們只會把牠嚇到。」婦人聞言便不再作聲。

我心想：「可憐的人！」並開始懷疑自己當初搭火車的決定是否明智，因為這趟旅程看來會十分漫長。當火車隆隆地向北行駛，我時不時會去注意那個老人，發現他斷斷續續的打著盹。我心想：一個人怎麼會變得如此自我封閉，連別人顯然出於善意的舉動都無法接受呢？但這時，我突然看到三個兒童靈圍繞在他身邊。他們似乎不是老人的親戚，而是被派來安撫他，讓他那不快樂的靈魂感受到些許輕鬆和喜悅的指導靈。

就在我正看著這些快樂的兒童靈時，狗狗突然開始狂吠個不停，牠顯然也感應到了。仍然在半睡狀態的老人聽到狗的吠叫聲後揮了揮手，示意牠不要再叫。我這時透過意念問那幾位指導靈的意圖，他們說老人很愛他的狗，出門一定要帶著牠，但又因此覺得羞愧，生怕人們會說他太依賴牠了。他也擔心他把狗帶上火車，會惹得別人不高興。

我明白那些指導靈的意思：老人在還沒坐上火車之前，就為自己創造了一個實相——他預期自己會被批評，於是便刻意拒人於千里之外，希望別人不要來打擾他。但事實上，如果他沒有表現得那樣，沒有人會在意。如果他沒有以先入為主的想法創造出那樣的氛圍，他的這趟火車之旅會開心許多。指導靈告訴我，他們在設法改變他的心態。

沒多久，一名年約十歲的小女孩從後方沿著走道走了過來。她到了老人面前便停下來並對他說：「先生，我帶了一點水給你的狗喝。」說著便把一碗水放在他的腳邊。「沒關係。」老人說：「牠不需要喝水。但還是謝謝你。」

「可是我已經拿來了。可以讓牠喝喝看嗎？」

老人望向其他乘客，似乎有些尷尬，但不久便把籠子打開，把裡面的臘腸狗抱了出來，放在地上。狗狗喝了一點水，開始搖起尾巴。小女孩見狀笑了起來，問老人：

「牠叫什麼名字？」

「竇西。」老人一邊回答，一邊小心翼翼的打量其他乘客。

「我可以抱牠嗎？」女孩問道。

「當然可以！」老人回答。

於是，女孩便抱起竇西，而竇西也親了她好幾下，小女孩高興得尖叫起來，老人這時終於露出笑容。小女孩把竇西放下來後，牠立刻就跑到四處去探索。

「竇西，不行！」老人對著牠喊。但竇西已經在交新朋友了，牠跟每個人搖尾巴，包括我在內。我聽到有人說：「嗨，寶貝！」也有人說：「你真可愛！」當他們相繼望向老人並對他微笑時，老人臉上原先的驚慌和害怕消失了，取而代之的是滿臉淚水，因為他終於意識到大家其實都很友善，他並不必拒他們於千里之外。

這真的是一趟很特別的旅程。那幾位美麗的指導靈做的工作令人讚嘆，他們讓那位壞脾氣的老人家感受到與他人分享的喜悅。當火車經過長島車站時，我聽到老人家告訴另一名乘客，這不是竇西第一次「拯救他」了，說著便給竇西一個擁抱。顯然竇西也是老人的人間嚮導，因為牠激發出老人內心最良善的一面。

我們可以像這位老人一樣，封閉自己，和他人保持距離，因此內心感到分離與孤單；我們也可以接觸外界，與他人交流。事實上，人們總是會願意對別人伸出援手，因為每一個人都是光。只是有些人發出的光比較明亮，有些人比較黯淡。因此我們要看到彼此內在的光，並且鼓勵那個光更加耀眼。

第九個課題：敞開心胸

我原本以為我的指導靈讓我想到接下來的故事，是為了提醒我們保持心靈開放，以便察覺和接收到周遭的訊息。但後來我意識到，他們的目的也是要我們對新的想法保持開放的態度，不要因為與我們的觀點不符就否定它們的意義。

一九九〇年代末期，我的著作《與天堂對話》（*Talking to Heaven*）仍是暢銷書榜的熱賣書。我當時住在洛杉磯，布萊恩則在橘郡（Orange County）工作。每逢週末，他一下班就會從橘郡開九十分鐘的車北上與我會合。有一個星期五，我剛結束一趟旅行回到家。我在那趟旅行因躺在沙灘曬太陽而被曬傷，於是布萊恩便幫我在背上塗抹蘆薈。我有感而發：「這讓我想起查爾斯・葛洛汀（Charles Grodin）度蜜月時他太太被嚴重曬傷的那部電影。」

布萊恩突然停了下來。「哇，太不可思議了！我今天上班時，有個知道我很懂電影的人才問過我，葛洛汀在度蜜月的時候愛上西碧兒・雪佛（Cybill Shepherd）的那部片名。你想想，《青澀戀情》（*The Heartbreak Kid*）這部片在一天內被提到了兩次，這樣的機率有多大？」

不過，我們當時只是一笑置之，並不以為意，然後就像平常週五那樣，出去吃點東西，再到錄影帶店找部片子回家觀賞（在那個年代，如果你想在家看電影，就得去店裡租VHS錄影帶）。我們在錄影帶店選好了影片，排隊等著付款。當輪到排在我們前面的那位女士，我們聽到她告訴店員：「我昨天租了這部片子，可是回去卻無法播放。不知道問題是出在這個片子還是我的錄放機。」店員聽了便將錄影帶放進櫃台後面的機器檢查，然後——我沒騙你——螢幕上就出現了《青澀戀情》片頭字幕。

我和布萊恩瞪大了眼睛，驚訝地互看。我一度還以為那是《隱藏攝影機》（*Candid Camera*）或《明星大整蠱》（Punk'd）節目的把戲。那個週末，我們一直很納悶我的指導靈究竟要藉此向我傳達什麼訊息。結果，星期一上午，我便接到「查爾斯・葛洛丁秀」（The Charles Grodin Show）（葛洛丁當時已經在有線電視台推出個人的脫口秀）的製作人來電，邀請我參加節目裡一個超自然現象的單元。至此，謎底終於揭曉。

然而，到了節目錄影時，我又學到了另一課。製作單位在那集安排我和友人布萊恩・魏斯博士（Brian Weiss）、約翰・愛德華（John Edward）一起上節目，現場還有一位對超自然現象持懷疑態度的來賓（這類節目為了顯示「公正平衡」的立場，都會邀請這一派人士）。在節目中，約翰為打電話進來的一位觀眾通靈。在過程中，他問她：「八月十四這個日子對你有什麼意義嗎？」那位女士回應說：「有，那一天是我的生日。」在場的每個人都認為約翰說的很準，但那位不信超自然現象的來賓卻不以為然。當查爾斯問他為何不認為約翰的表現很神奇時，他說：「如果他說的是：『你的生日是八月十四日。』那就神奇了。可是他不是那麼說的。他說的是：『八月十四這個日子對你有什麼意義嗎？』問題是：很多人都是那一天生日啊！」

在場人士聽見這話都哈哈大笑，以為那是他的戲謔之詞，後來才發現他是認真的。他無論如何都不肯相信約翰有可能透過電話感應到那位觀眾的生日。我們雖不同意他的看法，仍表現得很有禮貌和風度。但就是從那一刻起，我知道我再也不會去在意那些愛唱反調的人說些什麼了。我要繼續做自己想做的事，無論那些人怎麼想我，都與我無關。

第四篇
和你的指導靈接觸

第十二章　訓練你的心靈

我們眼中所見的生命只是真正實相的一小部分，而你望向鏡中所看到的軀體也只盛裝著你靈魂的一小部分。你的高我能量交織在一切萬有之中，無所不在，亙古永存。當你那一小部分的靈魂（也就是現在正讀到這段文字的那一部分靈魂）決定來到這個物質次元的人世時，就已自願將意識聚焦在這個具有許多限制的稠密次元。但真正的你遠不止於此。

你的靈魂就像一顆散發出無數光芒的恆星。你「現世」的生命只是其中的一道光芒。事實上，在這個當下，你的靈魂整體正在體驗其他次元與生命，從事著或大或小的任務，經歷著愛與失落等情緒。所有的光芒都在反饋整體。你（也就是目前你所意識到的這道光芒）之所以來到人世，是有目的的，而且你在這裡的經驗對高我是不可或缺的。我希望協助你們訓練自己的心靈，使你們能接通你們在其他次元的靈魂智慧。當你的意識從較低層次的心靈，也就是由你的「小我」轉移時，你就創造出一個能讓你的指導靈和已故摯愛親友的訊息進入的空間。記得，你的心靈並非你的大腦，而且它並不在你的身體裡。我所謂的「較高層次心靈」是指你的靈魂，而它存在於人類大腦所無法理解的場域。

拓展意識的最重要關鍵就在於認識自己。雖然萬物皆為一體是事實，但我們在地球人世確實有著「分離」的幻相。我們的靈魂對於這樣的分離與孤立感到陌生，但這是我們選擇轉世到肉體生命時就已同意的狀況。還好，當我們努力認識真正的自己，我們就會比較容易辨識出不屬我們本質的東西。這就是所謂的「識別力」，也就是洞察力。

如同幼兒向父母學習辨別是非對錯，我們的指導靈傳送他們的智慧給我們，幫助我們在這個艱難的次元生活，而我們所必須做的就是訓練自己打開心，接收他們的洞見。

起手式：基本原則

我要再次強調，你要準備一本靈性日誌記錄你的進展。有了日誌後，先寫下你想接觸你的指導靈的原因與期望。接著將日誌拿在手上，心裡想著你的意圖，比如：

「我要用這本日誌記錄我的指導靈給我的訊息。」你可以把它命名為「我的指導靈小冊」或「來自指導靈的智慧」，就類似這本書的書名。

你要努力每天撥出時間（如可能，最好是相同的時間）讓自己的心（你的靈魂中心）歸於平靜和平衡。我會在下一章提供能量提升的作法，讓你能夠更敏銳地察覺並接收靈界的訊息。你要讓靈魂世界知道你是個認真的學生。

你必須設定意圖。請記得：你要讓你的指導靈知道你為何想和他們交流，這點很重要。也許你想要服務別人，也可能你想知道你這生要學習的課題。要確定你的小我沒有從中作梗。確定你設定的意圖是發自你的內心。

接下來，花些時間建立一個參考或象徵符號的資料庫。靈界經常以符號和我們溝通，因此你需要知道每個象徵符號代表什麼意涵。舉例來說，一個戒指可能象徵婚姻或想結婚的念頭。一朵玫瑰花可能代表歉意或浪漫情懷。每個想和靈界接觸的人都應該建立屬於自己的一組參考代碼，並把它們寫在靈性日誌，直到可以不假思索的解讀那些符號。當你想到人生中的重大事件，你會聯想到哪些象徵符號？儘量把它們寫下來，這將有助於你和你的指導靈溝通。

請記得，你是靈魂，這是你最重要的身分。因此，你能與你的指導靈溝通是因為你內在的神性，與你的人類部分無關。你必須記得，當在過程中的任何時候，如果你心裡有著批判，那就是你的小我在作祟。在靈界看來，大多數的人世情境對靈魂無害，是人類的小我把事物貼上了「好」、「壞」和「錯誤」的標籤。此外，學習與指導靈溝通需要時間，因此在過程中請保持耐心。我已經和靈界溝通了三十幾年，至今仍在學習中。

設定你的意圖

每天早晨醒來時，請務必懷著感恩的心情：「謝謝你又給我一天的時間可以用來學習。」留心你的想法。我知道有很多人看到這段文字時心裡可能在想：「我的身體經常這裡痛、那裡痛的，有什麼好感恩的？」或是「我的孩子死了，我怎麼快樂得起來？」請不要誤會，我並無意小看你們遭遇到的苦難，也可以體會你們的辛苦。我想說的是：我相信我們在人生的道路之所以遇到挑戰和阻礙，是為了讓我們能夠從中學習。在我看來，物質次元裡的所有事物都是短暫無常的，但我們的靈魂是完美無瑕且永不朽壞。請試著不要每天早上一起床就是負面想法，也不要恍惚茫然地過日子。訓練自己的覺察力，讓自己的意識保持清明，因為你的想法具有影響力，它們能夠影響你的心情和健康。

每天早晨淋浴時，一邊沖著水，一邊閉著眼睛想像充滿愛的能量的金光流入你的身體，進入你所有的細胞、肌肉、骨頭和組織。想像那個金光逐漸擴大並流經你的能量場，想像金光進入你的靈魂自我。現在，想像所有無益於你最高利益的能量都消散了，並且從排水管流下去，被大地母親中和。這個金光讓你感到平衡、平靜並和「唯一的源頭」有了連結。你很清楚的意識到你是宇宙的一部分，而且這個美好的能量一整天都會伴隨著你。

當你準備要走出淋浴間時，你可以這麼說：「願上帝引領我今天要走的道路。」你這時就是在設定意圖並預先營造你今天將置身的空間。當你送出這樣的意念，你事實上就已在傳送那樣的振動，而同樣的能量將會回到你身上。

將你的意圖個人化。我在同一個星期裡會設定不同的意圖。有時我會說：「我是個磁鐵，我只吸引愛以及對我有益的經驗。」有時則說：「神靈，請指引我。願今天遇見我的人都能得到啟發。」

養成每天設定意圖的習慣。必要的話，可以在浴室或靠近浴室的地方貼張紙條或放個物品提醒自己。過了兩個星期後，你就會開始感覺自己的心變得穩定、平衡，並且和源頭連結。你會有煥然一新的感覺。

轉移你的意識

我們有大部分的意識和覺察是放在這個物質世界。這並不是我們的錯，這是必要的，因為我們非如此不可。我們生活在這個物質次元就必須覺察周遭的動靜，時刻留意我們的五感所接收的訊息。走路時，我們要注意看路，留心孩子或寵物。我們需注意聽別人說話，開車時要留意警車、救護車和消防車的聲音、必須能聞到家裡的煙或瓦斯氣味、要判定食物是否腐壞、要注意東西是否太熱、太尖而不能觸碰。大多數人都忽略了或是忘了要把自己的意識從物質世界／肉體轉移到心靈世界／靈魂。由於我們是靈性的生命體，只是來到這個物質世界的肉體裡短暫體驗，從這個角度來看，我們用來滋養靈魂的時間和花在人間事務上的時間並不平衡。我認為我們應該要開始多把一些覺察力轉移到我們真正的主場，也就是靈魂層面。

這就帶到我們接下來要談的「冥想」主題了。如果你能每天靜坐冥想，對於接觸你的指導靈會很有幫助。我會在本書最後一章附上一段引導式的冥想詞供你們參考（第一八七頁）。但為了幫助你們習慣意識離開身體的感覺，我先在這裡提供幾個練習。

【靈魂出遊】

選擇一天當中你最不會被打擾的時間，找一個舒服的地方坐下，閉上眼睛，做幾次深呼吸，讓自己歸於中心，讓自己平靜安定。現在，讓你的意識離開身體，飄到隔壁的房間。你的身體仍是坐著的，眼睛仍是閉上的，但你可以讓你的意識去看看隔壁房間的細節。地板上有什麼？一隻襪子？一個玩具？一雙鞋子？桌上有什麼東西？有沒有咖啡杯？一副眼鏡？一串鑰匙？

現在，讓你的意識從前門飄出去。看看天空。天上有沒有雲？今天天氣如何？太陽或月亮在什麼位置？有沒有車子停在街邊？那些車子是什麼顏色？地上有沒有落葉？數得出來嗎？不用急，慢慢來！

現在，讓你的意識慢慢地回到你的身體。做幾次深呼吸，然後睜開眼睛。當你準備好後，到隔壁房間看看自己的正確度。如果不正確也不要氣餒。只要不斷練習，你會越來越進步。當你更熟悉這個練習時，就可以試著出遊到更遠的地方了。

【每日一字】

每天早上，從家裡（或院子，如果有院子的話）找一個吸引你的物品，可以是一朵花、一片葉子或一塊石頭。觸摸它，把它拿在手上，然後閉上眼睛，做幾次深呼吸，讓自己歸於中心。當你觸摸那個物件時，向靈界送出意念。請你的指導靈以心靈感應的方式給你一個字。接收到後，你就可以回到屋裡。

在那一天當中，注意那個字是否出現。有可能你開車的時候會在路旁的廣告看板上看到那個字，也可能在聽電台廣播時聽到，或是有人在公司開會時說了那個字。注意這個字的出現頻率並留意是否有人提到那個物件。舉例來說，如果你拿的是一朵花，那天可能會聽到有人收到一束花。到了一天結束，再拿起那個物件，專注在物件上，然後問你的指導靈：「我必須從這個字學到什麼？這裡面有我要學習的課題嗎？」

請固定做上述的兩個練習。轉變自己的意識並非一蹴可幾的事，然而，只要你和靈界建立了連結，你就會吸引靈魂前來協助和引導你。

打開頻道

一旦你在這個物質次元成功運用了你的心靈能力，就可以試著做一些跨次元的練習。記得，靈界和人世並無二致，而且彼此緊密相連。我們的身體因為受到物理法則的限制，無法離開這個次元，但我們的意識能量可以。靈魂可以自由地跨越次元的界限，而我們能夠透過開啟頻道來接收他們的訊息。

接下來的這些練習可以幫助你覺察周遭的靈魂世界。在做這些練習時，記得把靈性日誌放在手邊。

【靈魂的回憶】

閉上眼睛，覺察自己的呼吸。輕輕的吸氣和吐氣。吸氣時，想像愛的能量正進入你的身體，呼氣時，將恐懼、限制、期待、沮喪以及所有的負面情緒釋放出去。用鼻子吸氣，吸氣時數到四，再用嘴巴吐氣，一樣數到四。在某種意義上來說，吸氣時你吸進你的靈魂，吐氣時吐出你的小我。隨著吸氣和吐氣，注意你的頭頂上方和腳下的空間。慢慢地做這個練習大約十分鐘，邊做邊想著所有已經到達靈界的摯愛親友。

翻開你的靈性日誌，在頁面最上方寫下一位已逝的摯愛親友的名字，然後閉上眼睛，像先前那樣輕輕地吸氣、吐氣。過幾分鐘後，想像綠色把你的心臟部位包圍。回想你和那位已逝親友曾經一起參加過的某個具特殊意義的場合。儘可能回想當時的細節：你穿什麼衣服？那是哪一年的事？當時你心情如何？當你準備好後，傳送念頭給對方，請他／她告訴你他／她在那個場合的體驗，並仔細聆聽他／她對那次回憶的想法。當你準備好後，睜開眼睛，寫下他／她所傳來的任何訊息。

【鏡子】

站或坐在一面鏡子前，你要能看見自己的臉。可以的話，最好把燈光調暗。一邊注視著鏡子，一邊做呼吸練習，讓自己歸於中心。

直視鏡中自己的眼睛，把自己當成是暫時使用這具肉身的靈魂。要知道，你的周遭一直都有靈體存在。他們是你已經脫離軀殼的摯愛親友。感受他們的臨在。閉上眼睛，請其中一位靠近你（你可以請他到你的頭上方）。觀想他的臉清晰且穩定的出現在你的頭頂上方。

記住那個畫面，然後慢慢地張開眼睛。你可以讓自己在鏡子裡看到那位已逝摯愛的臉嗎？不要急。要有耐心。你可以請他更靠近你一些，與你的能量融合。注意你的感受是否有了變化。邀請那位親人透過你充滿愛的能量與你對話。當你愈來愈感受不到他時，就是你讓他帶著你的愛離開的時候。接下來，請慢慢地吸氣、慢慢地吐氣，隨著吸氣和吐氣，你的覺察也慢慢回到你身處的環境。練習結束後，務必把你們的對話內容寫在靈性日誌。

體驗靈魂空間

除非你大學唸的是與科學相關的科系，否則你可能不太了解什麼叫「能量波」。我也一樣。我只知道聲波、微波、無線電波、X光和雷達的存在，但不了解它們的運作原理。我對非物質世界或不具肉身的能量（亦即靈魂）的認識也是如此。我雖然能夠從靈界接收到訊息，卻無法告訴你這在科學層面是如何發生的，但我可以「想像」那些訊息是如何進入我的意識。

接下來是我在發展通靈能力時使用的一些技巧。在做這些練習時，記得要把你的靈性日誌放在手邊。

【神聖之地】

閉上眼睛，透過深呼吸歸於中心，讓自己平靜安定。當感受到平靜時，將注意力放在頭上的空間。想像在你的頭頂上方有一個上寬下窄、有如漏斗般的金光。現在，全神貫注的看著這個金光的空間。它不是你的身體的一部分，但它是你的神聖空間的一部分。它屬於你，而你決定什麼才可以進入這個空間。

當你感到自在時，投射你的整個身體到這個空間，就好像你的雙腳是站在自己的肩膀上一樣。感受那個空間的氛圍。那裡的能量給你什麼樣的感覺？這個空間是靈界能量和你的意識交會的地方。你要逐漸熟悉這個空間，因為以後你會常在那裡。儘量不要問太多不必要的問題，才不被小我的干擾。讓自己保持平靜穩定，探索這股能量。你對這個空間愈了解、愈能感受它的氛圍，你的心所能探索的範圍就愈寬廣，你也愈容易接收到指導靈傳來的訊息。

當你準備好時，就可以慢慢將覺察帶回到你的身體。在日誌裡寫下對那個空間的形容。那裡是平靜？舒適？美麗？光明？還是黑暗？空虛？你在那裡感覺自在嗎？你下次去的時候會想做什麼改變？這裡是你和你的內在神性／靈魂都要感覺舒適的地方。讓它成為一個特別的地方吧。

【從未謀面的親人】

閉上眼睛，透過深呼吸歸於中心，讓自己平靜穩定。在心裡想著你的家族，選出一個你從未謀面或不認識的親戚，譬如在你出生前（或還是嬰兒時）就已過世的爺爺、阿姨、叔叔或表親——一個你不太認識的親人。請這位親人進入你頭上的神聖空間。親切地和他／她打招呼。注意他／她的面貌和神態舉止。打招呼時他／她看起來是害羞還是熱絡？是搞笑還是嚴肅？請他／她與你分享一些事情。

請他／她談談不同階段的生活，比如他／她的家庭、興趣、嗜好、工作、目標、經驗等等，就好像他／她在告訴你生平。請他／她儘可能多說一些，務必記得，要讓你的小我退到一旁，不要代對方說。讓這個靈魂跟你融合，以便了解他／她的生活。當這個靈魂的能量離開後，睜開你的眼睛，把聽到的事都寫在你的日誌裡。如果可能，向一位家族成員請教有關這位已逝親戚的事，看看你所收到的資訊是否正確。

向靈魂世界開啟心靈並接收訊息就像學習一種新語言，需要時間和練習。如果遇到挫折，也不要氣餒。更不要拿自己跟別人比較，因為我們每一個人都有自己獨特的天賦與技能。在下一章，我將會提供一些建議，協助你朝著成功的方向邁進。

第十三章　克服障礙

就像做任何事情一樣，有時你會感覺遇到了障礙或瓶頸。目標就在眼前，卻總無法觸及，你因此感到受挫。這個情形在你求學、談戀愛、就業、改變飲食習慣，以至追求個人靈性開悟的過程中都有可能發生。然而，人生就是如此，每個人在某個階段都會遇到類似的困境。因此，我想在這裡分享一些可以幫助你脫困的方法。

知識乃是王道

恭喜，你已經踏出第一步了，那便是：閱讀！透過閱讀，你可以從別人的心路歷程和經驗中得到許多啟發和激勵。找到讓你有共鳴的作者，閱讀他們的作品。請你信任的人推薦好書。許多靈性導師的工作坊、網路研討會和講座也能協助你在靈性方面成長。在閱讀的過程當中，你也可能會有出乎意料的收穫。比方說，你在閱讀一本很感興趣的書籍時，發現作者在書中提到的另一個主題也很吸引你。你忍不住想，「哇，這太有意思了！」這些就是你的靈魂被吸引的主題。你可以循線探索。

我在一九八〇年代初次見到布萊恩．賀斯特的時候，他就說我以後也會是個靈媒。當時我以為他瘋了。然而，在聽到他為我做私人解讀所說的一些具體細節後，我相信新時代的東西並不像表面所見的那麼簡單。於是，我開始一本接著一本，閱讀所有和通靈、靈異事件、鬼魂及超自然現象相關的書籍。其中最吸引我的是懷特．伊果（White Eagle）、曼立．皮．霍爾（Manly P. Hall）和安東尼．波吉亞（Anthony Borgia）這些作家的書。我經常在洛杉磯梅爾羅斯大道的菩提樹書店一逛就是好幾個小時，可惜這家書店現在已經不在了。從那時候開始，我就擁有非常多的靈性書籍，有一個龐大的靈性書庫。我相信我從閱讀這些書籍所獲得的知識與智慧，為自己的靈性探索奠定了良好的基礎。

不過，我必須強調一點：不是你所讀的每一本書都會讓你產生共鳴。這不表示那本書有什麼問題，只是它不適合你罷了。採納你認為有道理的說法，並將它們落實在日常生活中。事實上，對我來說，徒有靈性知識卻沒有實踐，要比沒有這些知識更加糟糕。

與志同道合者交流

要發展自己的心靈能力，第二個步驟就是要和志同道合的人交流。身為人類，我們每一個人都是獨特的。但如果想要增進自己的通靈或療癒能力，花時間跟了解你的興趣及目標的志同道合者交流就非常重要。因為在你的家人或朋友當中，總是會有一些人認為通靈「沒有根據」和「不切實際」，我自己的生活圈裡也有這樣想法的人。我的意思並不是要你不理他們或少跟他們在一起，我的意思是，這些人有他們自己的路，你就如實接納他們，但絕不要讓他們貶抑你或是令你感到沮喪。接受他們對靈性不感興趣的事實，但也要確定你有一群跟你有同樣信念並支持你的朋友。如果能有這樣一群朋友，你會比較容易和靈界及你的指導靈連結，因為跟有相同興趣的人經驗交流，會幫助你發現自己從來沒有想到的方法。

通靈聚會

為了和他人經驗交流，你不妨考慮加入或舉辦一個通靈聚會。這樣的聚會成員至少要有兩個人，最好不要超過六個。它就像一個讀書會，只不過你們聚會時不是在討論書，而是在發展通靈能力和技巧。每週參加一次通靈聚會，可以使你更擅於接通靈界，察覺來自靈界的訊息。我們愈常向他人取經，知識就會愈豐富。我在開發自己通靈能力的時候就經常參加這類聚會，至今仍是如此。

通靈聚會的成員必須要能和諧相處，並且目標一致。如果缺乏共識或是有口角爭論，這樣的負面能量會妨礙大家的發展。因此，在尋覓成員時應該要有「不傷害他人或違反規定」的共識，這樣才能組成一個有凝聚力、有益大家的團體。有時候陌生成員的能量無法融入團體，沒有關係；每個人都會有他適合的地方。

有些通靈聚會的團體在成立後仍會招收新成員，如果你想加入，可以詢問住家附近的新時代書店或唯靈派教會（spiritualist church），看看它們是否知道這方面的資訊。如果你決定自己辦一個，不妨參考以下原則：

- 每週在相同的時間和地點聚會一次。參加團體是項承諾，成員必須願意每週投入大約兩小時的時間參與聚會。
- 隨著每週的定期聚會，靈界會知道你們有意和他們溝通，他們會漸漸傳來一些訊息。你們的指導靈和已故的摯愛親友也會在你們聚會的時間出現，並協助增強團體的能量。

- 團體成立後，應該推選出帶領者。扮演這個角色的人通常要有一定的通靈經驗和靈性意識。
- 每次的聚會開始前，先唸一段祈禱文，歡迎你們的指導靈、已故的摯愛親友來到這個聚會，並要求他們幫忙保護這個團體。禱文的內容可以如下：

親愛的朋友：

請靠近我們，和我們分享你們的愛與知識。

請給我們啟發和滋養，讓我們得以成長。

請增強我們的能量，好讓我們能夠感應到你們的訊息。

請保護我們不受傷害，讓我們始終安全無虞。

- 禱告結束後，想像有道美麗的金光包圍著整個團體和房間，這可以增加另一層保護，強化防護效果。
- 聚會進行時，可以播放具有鼓舞作用的背景音樂，幫助提升能量。
- 聚會一開始，先討論今天的進行內容，看是要幫助團體裡的某個成員，還是大家一起開發自己的感應力和敏銳度。討論時間儘量簡短，以便大家有足夠時間與靈界連線。討論時，帶領人要注意控制時間，讓每個人都有機會發言。如果有某人需要協助，大家可以把能量專注在那個人身上，並以愛的金光圍繞他／她。討論結束後，成員閉上眼睛，安靜地坐著。

- 當靈魂來到現場，你可能會感覺身體周遭像是有涼風吹拂。這是靈魂進入這個空間的能量場的方式。你可能腦海中會開始浮現一些符號，像是圓形、四方形等形狀，或是光線、色彩、物件、面孔，以及各種可能的形式。這就是靈魂世界，這表示你已經連結上靈界了。許多時候，你並不熟悉出現的影像和感覺，所以你們才要一起進行，因為你可能會感應到靈界要給另一個成員的訊息。你也可能聽到輕拍聲、敲擊聲或其他聲音。總之，無論你看到、感覺到或意識到什麼，你都要儘可能記住。
- 你可能會覺得身體有些奇怪的感受。這通常是因為指導靈正在調整你的氣場。你參加聚會的次數愈多，你的氣場能量就會愈強。
- 聚會結束時，帶領人要請大家的意識都回到自己的身體裡。當每一個人都安然回返並清醒後，帶領人就可以做結束的禱告，感謝靈體協助和指引你們的團體，並將光與愛傳送給所有人。

最後，成員們可以分享自己剛才收到的訊息、看到的象徵符號以及觀察到的現象，大家一起評估和討論。當你聽到其他成員和你有相同經驗時，你會對自己更有信心，知道自己確實是跟靈界有了接觸。

滋養你的靈魂

日常生活的責任與義務有時會破壞心靈的平靜。有時我只是看電視新聞，就會感到心情低落。但我很幸運，身邊有一群我喜歡而且也支持我的好友。大多數人在和老闆、同事，或和一般人互動時，難免有心情低落的時候。這些負面能量或感受會妨礙你接收指導靈給你的靈感和訊息，因此每天一定要花點時間來處理負面能量及情緒。

「把自己放在第一位」的做法聽起來可能有些自私，但如果你能把自己照顧好，在你生命裡的每一個人都會因此受益。喧囂忙碌的日常生活可能會讓你聽不見自己靈魂的聲音，因此適時放下俗務便非常重要。每天花點時間透過靜坐冥想和覺察當下的方式與你的「神聖源頭」連結，這能讓你聽見自己內在的聲音，深入認識自己的心靈天賦，並更能覺察到你的指導靈和已故的摯愛親友所傳來的訊息。

檢視你的意圖

如果你仍然覺得自己似乎沒能每天和指導靈連結，也許是時候好好自我省思，誠實地與自己對話了。這些障礙有沒有可能是你自己造成的？靜下來，省視自己的感受，檢視自己的意圖。恐懼、沒耐心和負面心態都會破壞你的進展。

你的心裡是否有著恐懼、不耐煩的感受或者拒絕相信自己的感應，以致遇到了瓶頸？你曾經因為別人的批評、挑剔的反應或是評斷而退卻嗎？你的直覺是否告訴你某些事，但你的小我卻執意忽視？你是否因為自己的進步不如預期而萌生放棄的念頭？花些時間確認你的感受並誠實面對，將它們寫在你的靈性日誌。克服障礙的第一步，就是先承認自己所面對的挑戰和心裡的疑慮。

現在也是評估你的意圖的好時機。你之所以要尋求指導靈的指引，主要是為了充實自己的生命並實現你的靈魂目標。如果你做到這點，你身邊的人的生活自然也會受益。因此，你的意圖應當永遠從自己開始，先以提升自己為目標，然後你的靈性成長的漣漪效應，將使所有接觸到你的人受惠。

第十四章　提升你的能量

當人們往生後，靈魂過渡到了靈界，還是可以傳送訊息給仍在人世，也就是物質次元的摯愛親友。為了溝通，靈魂會尋找具有足夠能量，能在陰陽兩界之間充當橋樑的人傳遞想法、畫面或意象。指導靈也是如此。那些能夠聯繫不同世界的人的身體周遭會有一種光，因此靈體很容易就能辨識出他們，並進而傳送想法、感受和畫面。

如果某人想接收到靈界的訊息，他／她必須提升自己的能量振動，同時，靈體也必須降低它們的振動。而促使雙方連結的就是神聖的愛的純粹能量。因此，為了與更高次元保持連結，我們必須提升並擴展自己的能量，好讓靈界能連結上我們的氣場。

我們每個人都能做到嗎？是的。之前我已經談過訓練心靈並克服障礙的方法。現在，我們要朝向發展與指導靈建立有意識的關係邁進。但首先，我們來做幾個實驗，測試一下你目前的通靈能力。

感應能量

我們每一個人天生都有能力可以看到並感受到能量。隨著你開始提升能量，你的感應能力會愈來愈強。下面的練習是靈界提供的。它可以幫助你更了解你目前的敏感度，以便評估自己的進展。這個練習還挺好玩的。

請找三張你認識的人或動物的照片。它們的大小必須一致，這樣你才無法藉由觸摸來辨別它們的差異。找好照片後，請準備一個眼罩，要確定你戴上後看不到任何東西。接著，把照片放在你面前的桌子上，一一看著它們，花點時間去感受。接下來，請戴上眼罩，將照片拿起來，像洗牌一樣洗一洗，再分別放回桌上。

現在，把照片逐一拿起，感受照片裡的人物或動物的能量。記得，不要用頭腦，要用感覺。

當你覺得你已能正確辨識出每張照片的內容時，將它們一一排好（你要記得自己排放的順序）。然後，拿掉眼罩，看看那些照片。你剛才辨識的對不對？

除了辨識的正確度外，當你戴著眼罩，手上握著照片的時候，你有沒有感應到什麼？（比如照片上的人／動物的心情或照片的拍攝日期等等？）如果照片上的人物仍然在世而且你可以找得到他／她，你可以問問對方，看看你感應到的訊息是否正確。

判讀他人的能量場

除了感應能量之外，你也能夠增進自己判讀能量的能力。即使是沒有生命的物體周圍也有能量，但那通常會是固定不變的，而人類的能量場（我們稱為「氣場」）則是變動的。不同顏色的氣場代表不同的特質，但在此我們的重點不是分析人們的氣場，而在於你看到氣場的能力。

當你開始練習時，可能會覺得它和一九九〇年代風行的 Magic Eye 圖案沒有什麼太大不同（譯注：Magic Eye 是一種將三維效果隱藏於二維圖像的設計，觀察者只有在以正確方式將目光聚焦時，才能看到那些立體圖像）也就是說，你把眼睛的焦點放在圖案的中心，經過練習，就會看到圖像出現。

練習時，請一個朋友坐在椅子上，背景必須是白色的。將你的視線聚焦於他／她的兩眉之間，並用餘光看看他身體周圍能量場的輪廓。看起來可能會像是影子或淺色輪廓。如果看到了，再看看你是否能分辨出顏色。彩虹色代表健康，褐色或灰色則否。你能夠看出上方的氣場是否平衡嗎？中間呢？下面？還是你發現上面的能量太多，下面幾乎沒有？試著去感應或感覺。你可以由此得知那人的能量是否平衡。

下一步是要感應這個氣場兩邊的能量。其中一邊是否比另一邊強？你看到哪一邊有比較多的斑點或稠密的能量嗎？我稱這些斑點為「能量口袋」（energy pockets）。你能夠判別這些「能量口袋」感覺起來比較冷還是熱嗎？如果有這個現象，是哪一邊？專注在這些「能量口袋」上，學習判讀它們代表的意義。這些能量是否跟情緒、身體、心理或靈性有關？它們是出現在心臟附近嗎？跟情緒困擾，像是悲傷有關嗎？還是它們主要聚集在頭頂？這可能表示問題跟靈性有關。比如說，那個人可能已經放棄和「源頭」的關係，或者覺得自己沒有價值。如果那些斑塊是褐色或黑色，表示那人也許心智枯竭了。總之，你要試著解讀能量場的阻塞屬於哪一種。

接下來，試著感應那個人身體各部位的氣場顏色。我稱此為「彩虹連結」（rainbow connection）。每一個人的氣場都有顏色，就像彩虹的顏色，有紅、橙、黃、綠、藍、靛、紫。試著感覺哪個部位有較多的紅色或橘色。頭部一帶有黃色嗎？黃色是屬於心智能量。有沒有哪一個部位看起來是綠色的？綠色雖然是心輪的顏色，但你可能會感應到綠色出現在腳的周圍。這是因為那個人可能腳踝腫脹，而綠色能量正在療癒那個部位。

你要儘可能去感覺那個人的氣場，並且保持開放的心態。你要設定自己的意圖：「我要感覺這個人（或這個地方）的能量、色彩和意義。」請記得，你感受能量的方式也許和別人非常不同，因此不要跟他人比較。要學會覺察和判讀一個人的能量場並非一蹴可幾的事。因此，你要像學習新語言一般，練習、練習、再練習。

你如果要提升能量，可以透過呼吸把能量送到各個脈輪點。為了建立和提升能量，你的脈輪必須處於最佳狀態。如果你能每天專注在自己的脈輪下工夫，確定它們是在健康和暢通的狀態，你的能量體的振頻就會提高，這樣一來，來自指導靈的訊息就能夠進入你的意識。

脈輪

人體有成千上百個能量集中的地方，但如果要提升能量，你必須留意七個主要的脈輪。

「脈輪」這個字在梵語是「輪子」的意思。我們的乙太體中有七個像輪子（由光與色彩形成的渦漩）一樣不停轉動的脈輪。它們接收、傳送和處理身體、心理、情緒和靈性的能量。它們並且彼此連結，有如格柵一般，形成一個電磁場。我們必須認識這些脈輪，並確定它們是在健康和平衡的理想狀態。每個脈輪本身都是一個具有色彩、調性和密度的小宇宙。這七個主要脈輪相互作用、交疊，共同組成一個完整的能量系統。在帶領你們進行脈輪冥想之前，讓我先介紹一下這幾個脈輪。

- 第一個脈輪（或稱「海底輪」）：位於脊椎底部，經由我們的雙腳、脊柱、骨骼和下半身與大地連結。它是紅色的，代表活力與生命力。和這個脈輪相關的課題是安全感、勇氣、身體的控制、與大地連結、平衡及耐性。
- 第二個脈輪（或稱「臍輪」）：位於肚臍下面兩吋，經由生殖腺、脾臟和膀胱與水連結。它是橘色的，代表性慾、親密感和滋養。這是我們的三個情感中心的第一個。和這個脈輪相關的課題是給予、接受、原始的慾望、癮頭、激情和容忍。
- 第三個脈輪（或稱「太陽神經叢輪」）：位於小腹中央，與火連結。它是黃色的，代表我們的消化系統、新陳代謝、情緒、胰臟、交感神經系統和肌肉，是我們的第二個情感中心，它的作用就像一具無線電發射機，是知識的中樞，也跟「直覺」有關（譯注：英文 gut feelings（腸道的感覺）便是指直覺）。與這個脈輪相關的功課包括小我、意志力、自制、恐懼、幽默和永生。連結我們的肉身和靈魂的那條銀索就位於這個脈輪。當我們死去時，這條銀索會被切斷，然後我們便進入靈界。
- 第四個脈輪（或稱「心輪」）：位於胸膛中央。這是我最喜歡的脈輪，是我們與空氣和觸覺連結的地方。它的主要顏色是綠色，次要顏色是粉紅色。這個脈輪代表我們的心臟、血液循環、胸腺、手臂、腿部、皮膚和肺臟，是我們的第三個情感中心，它把屬於靈性的高我和屬於世俗的自我連結在一起。我們的超感應力／覺知力和靈視力就是透過這三個情感脈輪。和這個脈輪有關的功課包括：神聖且無條件的愛、同理心、寬恕、同情心、憂鬱、情緒不穩、群體意識、平衡和滿足。

- 第五個脈輪（或稱「喉輪」）：位於頸部，是超聽覺力和聽覺的中心，也是我們和乙太次元連結之處。它是天藍色，代表言語、創意、溝通、甲狀腺、聲音、食道和喉頭。和這個脈輪有關的功課包括表達、藝術、靈感、誠實、溫和，以及為自己發聲。它是我們的意念和感受之間的橋樑。
- 第六個脈輪（或稱「眉心輪」）：也被稱為「第三眼」，位於額頭中央，是「超視覺力」（或稱「千里眼」）的中樞，也是我們與電流和意識連結之處。它的顏色是靛藍或深藍，代表腦下垂體、臉部、耳朵、小腦、中樞神經系統和左眼（我們用左眼來接收訊息），這裡是通靈意識和心靈與心靈之間溝通的中樞。和這個脈輪相關的功課包括直覺、想像、智慧、忠誠、憤世心態、視力問題、感知和崇高的思想。
- 第七個脈輪（或稱「頂輪」）：位於頭頂，是我們連結光與純淨生命體的地方。

它是紫色的，代表松果體、大腦皮質、意念和右眼（我們透過右眼發送訊息）。我們透過這個脈輪接收更高的真理與神性的面向。這是通往無限之門。和這個脈輪相關的功課包括無私的服務、超感官知覺、迷惑、與「唯一的源頭」分離和連結。

當我們的脈輪朝順時鐘方向轉動時，它們是健康而且力量強大的。如果我們想創造一個適合的內在環境，讓自己能夠接觸到靈體與指導靈，最好的方法便是透過脈輪來提升能量。

讓你的能量與大地連結

當你在脈輪下工夫，發展自己的力量時，你的能量便和大地有了扎實的連結。這是讓靈體與你的能量融合，使你接收到指導靈的訊息的第一步。就像所有的冥想一樣，在做這個練習時，找一個你覺得舒服而且不會被打擾的地方。你可以把房間裡的燈光調暗，也可以播放讓你感到平靜的背景音樂。

【與大地連結的冥想】

坐在一張舒服的椅子上，把背挺直。閉上眼睛，不要理會你的雜念。把注意力放在你的身體，從雙腳開始，沿著腿部、背部、腹部、胸部、肩膀，到頸部和頭部，一一的覺察每個部位的感受。然後，深吸一口氣，數到七，再把氣呼出來，邊吐氣邊心裡默數到七。隨著每一次呼吸，愈來愈意識到你的身體，你的心臟、細胞、組織……。觀察身體但不要評斷。繼續做幾次深呼吸。慢慢地吸氣，數到七，慢慢地吐氣，數到七。

你的呼吸會逐漸帶你進入不同的意識層級。現在，把意識集中在你的胸膛中央的心輪上，認知到自己是一個正在體驗人世的靈魂，真正的你不僅存在於你的身體裡，而且遠超乎身體之外。讓這個脈輪的綠光不斷的旋轉，並以愛和平靜的感受充滿你的意識。

在你的心輪持續旋轉之際，緩緩地將注意力往下移到海底輪。這個脈輪位於脊椎的末端。它旋轉的是紅色的光。觀想你的海底輪的能量透過你的腳底往下流，與大地（地球母親）的中心連結。吸一口氣，數到七，再慢慢的呼氣，感覺你和那純淨、穩固、平衡的大地能量連結了。觀想自己是根連大地核心的一棵樹。

此刻，你正在大地之母的懷抱中。你意識到身為靈魂的你和靈界以及你的高我有著美好的連結。那個真正的你、神性的你，存在於宇宙的層級。你和較高次元的連結是透過頭頂所發出的光，那個光傳送到一個遙遠的美麗金色星球，就是這個光將你和那些較高次元連結。這道旋轉的紫光從你的頂輪發出。它是你的靈魂的能量。當你吸氣時，你的意識逐漸提升，越來越高，越來越接近那個金色星球。吐氣時，你已身在那個美麗金光的星球。隨著你的呼吸，你越來越覺察到這個輕盈而微妙的能量。你現在完全沐浴在這個美麗、浩瀚、金色的靈性之光。

試著覺察地球能量和宇宙能量之間的微妙差異。你是這所有能量的一部分。

現在，一邊吸氣，一邊透過頂輪把金光帶到你的第三眼，然後逐漸往下，經由你的喉輪到達你的心輪。在此同時，讓那股與大地連結的能量往上流動，經由你的雙腳、太陽神經叢輪進入你的心輪，讓這兩股能量在你的心輪匯聚融合，形成一座能量之泉。把這股能量透過你的心輪往上、下和外面送出。當吸氣時，把宇宙能量往下帶，並把大地能量往上帶。吐氣時，透過心輪將匯集的能量向外送出。

繼續依照你自己的速度一邊呼吸，一邊讓你的能量流動。慢慢地讓自己逐漸熟悉這兩股能量匯聚融合的感覺，並且讓你的心成為一個中性的空間。當你逐漸熟悉這兩種能量時，你將更能覺察周遭的事物。當外來的能量和靈體進入你的空間，你能夠感應得到，並且和他們展開心靈對話。

當你感覺自己的能量開始減弱時，就可以慢慢地讓意識回到你的腳上。讓那道宇宙之光透過你的頂輪往下到你的身體。在你將那股與大地連結的能量帶回你的海底輪時，祝福大地之母，感謝她對你的保護。當你感到自在並且完全覺知到你的身體時，就可以慢慢睜開眼睛。

擴大心靈空間

要創造一個能吸引指導靈前來並且有助你們溝通的能量，維持健康的心靈空間非常重要。接下來是我在我的工作坊讓學生進行的練習之一，這個練習能夠幫助他們透過心輪擴展他們的愛。

【心靈空間】

閉上眼睛，做幾次深呼吸。呼吸時把意識專注在不斷在你的心輪轉動的綠色能量上。隨著每次的呼氣，想像綠色的光像氣球般逐漸膨脹。這個氣球代表你充滿愛的心的能量。這個能量開始瀰漫整個房間，並且往外擴散。它召喚你的指導靈，讓他們知道你在物質次元創造了一個他們可以造訪的空間。你的指導靈在你所提供的愛的能量裡感到安全而自在。

你坐在這個空間裡，透過你的呼吸，你吸進喜悅並吐出所有累積的壓力、負面想法、各種限制束縛，以及你對自己或他人的評斷；透過吐氣，你將它們交由你的高我釋放和清理。現在，你的身邊圍繞著充滿愛的靈體。他們感謝你創造了這個空間，也知道你隨時歡迎他們前來。當你準備好後，就可以慢慢睜開眼睛。你開始意識到你的身體和周遭環境。接著，再做一次深呼吸。你現在完全回到了你的身體，你感到神清氣爽。

每當你猶豫不決或感到迷惘時，可以用這個方法在心裡創造一個接收指導靈的智慧的空間。經過一段時間的練習，只要你覺得有需要，你就能隨時隨地做這個練習。你只需花上幾十秒就能創造你的心靈空間並邀請你的指導靈前來。

提升你的能量

地球次元對靈魂來說是一個沈重和不怎麼舒適的地方。因此，你也可以努力和他們在中途相會。你現在已經學到如何讓自己與大地連結和擴展心靈空間，你已經做好提升能量的準備了。

每當我要提升我的能量時，我會觀想能量噴泉從我的脈輪湧出，環繞著我。各種顏色的能量融合一起，形成了耀眼的白色能量場，這個白色能量場覆罩著我，我知道我是在我的力量的中心。接著，我邀請我的指導靈進入這個空間。

你必須練習提升你的力量。你要認知到自己的力量並且保持那個力量。記得，靈體必須把它們的能量降低到你的層次，而你必須將你的能量提升到它們的層次。如果你感覺自己的能量降到太陽神經叢的位置，你是在心靈的領域。你要把力量提升，回到頭部上方的靈性領域（頂輪）。你要逐漸熟悉自己的力量。當你提升你的力量，你便可以維持你的能量層級。

【白光冥想】

採取一個舒服的姿勢，挺直，讓你的脈輪從上到下呈一直線。閉上眼睛，做幾次深呼吸。再次將你的意識聚焦在你心輪的神性。觀想你的心輪不停轉動並發出綠色能量。慢慢地，不用急，花點時間享受你的心靈空間擴展的感覺。當吸氣時，你覺察到你的神性、你的完美和你的靈性自我。吐氣時，把所有的念頭、恐懼、焦慮，以及你不想要的情緒困擾都釋放出去。

現在，你感覺到有股能量從你的腳趾往上竄，經過你的雙腿，流到你的脊椎底部。這股能量啟動海底輪的轉動並發出紅光，你的身體會感覺非常安全和穩定。當有了這樣的感覺，讓這股能量繼續往上，到達臍輪。感受在你腹部不斷轉動的橘光能量——它讓你覺得充滿活力並熱衷於追求真理。現在，這股愈來愈強大的能量已經到了你的太陽神經叢輪。這裡是你的直覺所在。黃色的光輪不停轉動，你感到一切都會順利安好。

這股能量繼續沿著你的脊椎往上，經過轉動中的綠色心輪，到達了你的喉輪，轉動的藍色脈輪讓你的指導靈知道你想跟他們溝通。接著，這股能量經過你的「第三眼」（眉心輪），啟動靛藍色的能量之輪的運轉。隨著眉心輪的轉動，你的大腦分泌腦內啡進入你的血液，你感到充滿了智慧與愛。

隨著這股能量到達你的頭頂，它啟動你的紫色頂輪。現在，這股帶有每個脈輪顏色的能量從你的頭頂發出耀眼的白光。這是你的光。它環繞著你，使你周遭的氣場充滿熱情、喜悅與愛。這就是你的能量。

第十五章　與指導靈接觸

要接觸你的指導靈有好幾個方法。透過練習，你會找到最適合你的方式。身為靈媒，我在為某人通靈或在一群觀眾面前示範通靈前所做的第一件事，便是請我的指導靈團隊就位。我會坐下來，開始冥想，開啟我的脈輪（能量中心），運作能量的流動。如此一來，我便在我的四周創造了一個神聖的空間。靈界會知道我已經做好準備，他們可以進入這個空間並影響我的想法。

接著，我會請我的守門靈來到身邊。他一旦就位，就表示通往靈界的那扇門已經打開。通常這時候會有好幾位指導靈出現，分別站在我的身後、頭上和肩膀上。有趣的是，每次出現的指導靈當中，總有兩或三個是我熟悉的，也有好幾個是我不認識的。但我從他們的能量知道他們都是指導靈，因為他們的振動速度快，而且充滿愛與喜悅，是一種較高形式的能量，與一般的靈體不同。我發現，那些我不認識的指導靈若不是來幫助在場觀眾更容易接受和理解靈界的訊息，就是因為他們是通靈對象的指導靈。當所有的指導靈都就位後，我建立連繫並開啟讓靈魂進入的入口。這時，靈體便會在我的守門靈引領下一一出現。

為了接觸你的指導靈，你也必須創造一個讓他們能跟你合作的神聖空間。我在前面幾章已說明了脈輪以及運作能量流動的方式。在這一章，我將提供一些練習，幫助你連線你的指導靈。

如我先前所說，指導靈會視我們的人生狀況而進出我們的能量場來影響我們。我們在來到人世之前，便已經和一些指導靈達成協議，他們在這生會一直在我們身邊。他們之所以熱切地想要協助是因為這對他們也是學習的機會；他們跟我們一樣，也要在靈性上成長。

你的指導靈在這世協助你也許是因為業力的責任。也或者因為他們在前世沒有發揮自己最大的潛能，而幫助你是表現他們能力的方式。也或者他們在世時沒有做好「己所欲，施於人」的金科玉律，而透過幫助你，他們因此做到前世所輕忽的責任。許多時候，指導靈是在世時沒能表達自我的家庭成員，到了靈界之後，他們能夠自由地做自己並從靈界協助我們。他們總是希望為所愛的人在人世創造更幸福的環境，他們希望我們過得更快樂。

在你開始進行接下來的每個練習之前，請先與大地連結，做幾次深呼吸，開啟你的脈輪，讓你的能量上下流動並透過心輪傳出去。記得把靈性日誌放在手邊，以便寫下你的指導靈告訴你的任何訊息。

認識你的指導靈

這個標題其實不是很貼切，因為你其實已經認識你的指導靈了，你們不但熟悉彼此，還見過無數次面，有過無數次對話，只是這些都在你的潛意識裡。我在這裡所說的「認識」，是指在你有意識，也就是清醒的情況下，與你的指導靈相會並漸漸熟悉他。

以下的冥想練習是我的朋友梅薇絲．皮提拉（Mavis Pittilla）提供的。她曾告訴我她如何開始靈性旅程，並且終於和她的指導靈相會的故事。

「我那時生了一種病，我對上帝很生氣，心想：『為什麼祂要讓我遇到這種事？』有一天，我坐在家裡的客廳，突然看到一個靈體站在面前。他看起來就像是一般的工人，不像鬼魂或幽靈，而是像你一樣真實。他說：『趕快去找人治療，否則你過不了今年。』」我不知道這究竟是怎麼回事。當我告訴我丈夫這件事，他自然很擔心我是不是精神出了問題。但讓我感到困惑的是，我當時已經在看醫生了。我心想：『我已經在接受治療了。那個靈體還要我找人治療，這是什麼意思呢？』」

「接著，在一連串的『巧合』（但我認為是命運的安排）之下，我丈夫在職場上認識了某人。他對那人透露我看到靈體的事，並且下了結論：『我認為我太太精神失常了。』結果那個人說：『我想我知道她在說什麼。我是個靈療師。』於是，接下來有好幾個月的時間，我繼續接受傳統醫療，但也去找這個男子為我做按手治療（一種能量療法）。結果，我活到了現在。那個出現在我家客廳的靈魂不僅救了我一命，也為我開了一扇門，讓我開始探索通靈這件事。」

「後來，我接觸到我的主要指導靈『米柯桑』，和他有過很多次對話。有一次他鼓勵我用我稱為『靈魂的房間』的方法連線其他指導靈和為我帶來啟發的靈魂。」

在你進行梅薇絲所說的冥想前，我要先提醒：請不要對指導靈的樣子有任何先入為主的期待。他們可能會以最讓自己或讓你感到自在的模樣出現，因此，當提到你的指導靈時，我不會以「他」或「她」來稱呼。他們也可能以無性別，甚至不是人類的方式出現。你們之間的溝通方式可能是非語言的，也或者是像兩個老朋友般地閒話家常。你的指導靈知道用什麼方式最好。

我以我個人的喜好把米柯桑分享給梅薇絲的冥想方式稍微做了些調整。你也可以自行修改。

【會見靈魂的房間】

閉上眼睛，感受你的空間。覺察你的上、下、左、右的空間，然後開始深呼吸。吸氣時，讓來自大地的能量進入你的雙腳，往上流動進入你的身體。再一次深呼吸，讓來自宇宙的能量——金色的光——從你的頭頂進入你的身體。讓這兩股能量在你的心輪處會合，然後經由心輪上下流動並往外傳送。繼續深呼吸，覺察你的心靈空間，那是你的靈魂的所在。當你在這個空間感到自在且放鬆後，再繼續下一步。

運用你的想像力，觀想一個正方形的美麗房間。房裡有一扇巨大的窗戶，幾乎佔據了一整面牆。窗外是一座花園。芬芳柔和的微風從幾扇敞開的窗格中吹了進來。請把這個房間放滿你喜愛的物品，可以是傢具、繪畫、雕塑、照片、花朵、燈和書籍等等。再把所有能代表你的東西都放在這個房間裡。數量多或少都沒關係，但房間中央要有兩把面對面擺放的椅子。接著，用你的愛的能量充滿房間的四個角落。現在，這個房間散發著你的氣息——它是你的靈魂的房間——你將在這裡與你的指導靈相會。

你坐在那把面對窗戶的椅子上，看著窗外那座沐浴在陽光下的美麗花園。那裡有綿延起伏的綠地，上面點綴著你最喜愛的花和樹。你看著窗外，感覺輕鬆而自在。接著，你注意到窗外的光線變得愈來愈亮。現在整扇窗戶都閃耀著美麗的白光。你的指導靈已經來到屬於你的「靈魂的房間」與你會合了。

你可以在心裡說：

親愛的指導靈，非常歡迎你的到來。

接著，你的指導靈穿過了那扇窗進到房間。剎那間，房間裡充滿了愛。那是你從不曾感受過的豐沛無比的愛；你的指導靈了解所有關於你的事，並且無條件的愛著你，它在意你的福祉。當指導靈進來後，請它坐在你對面的椅子上。

這時，你可以問它一些問題，例如：

- 我該如何稱呼你？
- 你曾經在地球投胎嗎？
- 我們為什麼會約定由你來擔任我的指導靈？
- 你是要來幫助我完成某個特定的使命嗎？
- 你現在要給我什麼訊息？

你要以純淨而開放的心傾聽它對你說的話。請記得：以後你們還會有許多次像這樣的會面，因此第一次不要操之過急。當你們會面結束的時間到時，你的指導靈就會由開啟的窗戶離開。

現在，把你的覺知帶回到這個物質次元。做幾次深呼吸，意識到現在的你正坐在椅子上。感受你的雙腳踏著大地的感覺，並讓你的能量從你的頭頂慢慢消散。慢慢地睜開你的眼睛。

把你的指導靈對你說的話寫在靈性日誌。你愈常做這個練習，並讓練習更具有你的個人特色，你所創造出的空間就會愈來愈廣闊，它將能吸引更多指導靈和那些能帶來啟發的靈體，來到這個你為它們創造的空間。

接收、組織、應用

我在寫書的過程會經歷三個階段。第一個階段是接收資料和想法。第二個階段是組織和整理資料。第三個階段是確定讀者能夠理解。這個過程就像在打造汽車引擎。第一個階段要把所有的零件都放在地上。第二個階段要把這些零件都安裝到車子裡。

第三個階段則要確定車子能夠發動行駛。

我認為在冥想時從指導靈那裡所接收到的資料也同樣需要經過這三個階段，這樣與指導靈的接觸才是成功且有意義的。不過，我們每個人也都有自己偏好或是比較擅長的階段。

我個人最喜歡的是「接收資料」的階段。我很喜歡接收來自指導靈的訊息。至於整理資料、分類，並判定如何實際應用在我的生活裡，對我來說就不是那麼容易了。雖然在經過一段時間的練習後，我在這方面已經有了進步，但我天生就是喜歡收到靈感時的那種悸動，而對後續階段的應用則有待加強。我必須持續提醒自己：若沒有第二和第三個階段，空有第一個階段也就無意義可言。

我之所以提到這點，是因為做了上述的冥想後，你也可能會在某個階段遇到困難。但只要你不斷練習，久而久之，它會變得愈來愈容易。每次做完冥想，務必把收到的訊息記在日誌上。有些訊息你可能在當下難以理解，但如果把它們記下來供日後參考，你就不用擔心自己會忘記了。

就如我先前提到的，擁有靈性知識卻沒有加以運用或落實在每天的生活，那就白費了這些知識。你由指導靈那裡所收到的智慧並不是給別人的人生指引，那是給你的，是要你將這些智慧落實在你的日常生活裡。而這不也是你決定要接觸和認識你的指導靈的原因嗎？

心靈的融合

當你和指導靈的連結變得更加緊密時，你會發現並不是每次都一定要在「靈魂的房間」冥想才可以。我會建議，當你想接觸新的指導靈時，在「靈魂的房間」進行，但如果你已經在「靈魂的房間」接觸同一個指導靈好幾次了，那麼你會發現要連線那個指導靈很容易，只要你想到它，它就會出現。

當我想和某位指導靈溝通的時候，我只要做幾次深呼吸，並且覺察我周遭的空間（確定沒有負面能量），然後我會呼叫那個指導靈的名字並傳送意念。靈魂的世界是屬於心靈的世界。對它們而言，思想／意念就像我們的言語那般真實。它們能夠看到、聽到並感覺到我們的想法。當我們想著它們時，它們會知道。

接下來的練習可以幫助你融合你與指導靈的想法與能量。當你愈來愈上手後，你可以和你的指導靈約定一個信號（例如某種身體感覺或心理感受，或是符號），每當這個信號出現，就表示你已連線上你的指導靈。

【邀請】

讓自己放鬆，把腦袋放空。做幾次深呼吸，在心裡創造一個空間，邀請你的指導靈前來。你可以在心裡這麼說：

歡迎，＿＿＿＿＿＿，請進入我的心靈。讓我知道你此刻與我同在。

你的指導靈出現時，會有某個跡象。將小我放一邊，臣服於你將接收到的任何印象、感受和畫面。你要儘可能開放心靈。你很快會感覺你的心靈空間出現了變化，像是被照亮了般。這時候，邀請你的指導靈進入你的空間，融合你們的能量。當你準備好時，你可以這麼說：

「我需要你的協助。請透露你要給我的任何訊息。」

隨著你與指導靈在同一個空間，你可能會感覺你的腦海浮現了一些想法。確實來說，是某些想法被投射到你的心裡。讓指導靈將任何的感受、想法或象徵符號傳送給你。靜靜聆聽指導靈的教導與思想。當要結束時，你可以說：

親愛的＿＿＿＿＿＿，我祝福你，也謝謝你來到我這裡給我建議。

接著，做幾次深呼吸，把意識慢慢帶回你的身體。覺察到你的腳、你的腿，一路往上，覺察到你的頭。再做幾次深呼吸。舉起你的雙手，讓自己回歸中心，身心安定。

現在，慢慢地睜開你的眼睛。

當你不在家裡，不在你的冥想房間時，你可以試試上述的作法。這個練習在哪裡都可以做，只要你能創造出一個充滿愛的心靈空間就可以了，但不要在開車的時候做這個冥想。

向你的「乙太議會」致意

在從事了三十年的通靈工作後，我相信有一群高度進化的存在體和指導靈一起合作，共同協助勇敢投胎人世的靈魂。有人稱呼他們為「大師」、「長老」或「智者」，但我個人比較喜歡用「乙太議會」這個名詞。你的「乙太議會」對你的日常生活固然有所了解，但他們涉入最深的還是你投胎前的生命藍圖的規劃、你的人生大事（結婚、小孩出生和親人過世）以及你的肉身的死亡。

「乙太議會」並不是一個評審團，因為他們所扮演的並不是批評或審判者的角色。相反的，這個議會的成員都是和你有特定關係的靈體。他們唯一的任務就是給你指引、協助與愛。他們透過你的指導靈把智慧傳送給你。但你也可以親自向他們致意，而且這樣的接觸可能會對你造成極其深刻的影響。

【乙太議會】

閉上眼睛，開始深呼吸、與大地連結，運作你的能量流動（參考第一七六頁的練習）。隨著你的能量流動並且擴展你的心靈空間進入接收資訊的模式，你就可以向靈界傳送意念：

「親愛的靈界的朋友，我要去向我的「乙太議會」致意，表達我對他們的愛，並請教他們對我有何教導。」

你坐在你的神聖空間，觀想你的頭頂發出一道光束。它逐漸升高並超出了你的視線範圍。把你的意識放在那道光束裡，讓它帶著你不斷上升，上升，遠離了你的肉身。

隨著你不斷上升、上升，在這個過程中，你感覺自己呼吸平穩、心情平靜。

你愈升愈高，逐漸意識到自己已經穿越時空，經過許多行星與太陽系，看到無數的色彩與亮光。

你的速度開始慢了下來，然後那道光束打開了。你看到在你的眼前矗立著一座由大理石建造而成、上面鑲嵌著許多寶石與珍珠的美麗建築。這裡是乙太世界的學習殿堂，它在召喚你。你的意識飄向它，你有種似曾相識的感覺，彷彿你已經來過這裡許多次了。

你進入了這座學習殿堂，上下四方觸目所及盡是一座座書架。架上都是皮面精裝的各種書籍，在昏暗的光線中閃閃發亮。這就是天界的圖書館。在眾多的書籍中，有一本顯得特別耀眼。你走上前，看到那本書的封面上凸印著你的名字。你從書架上將它取下，拿到眼前細讀。這是靈魂之書。它屬於你，但為你保存在這裡。

就在這時，一扇由桃花心木製成的巨大的門打開了。一道耀眼的光從門口灑進來，你拿著那本書朝那個門飄去，進入一個閃耀著白光的美麗房間。你抬起頭，看到天花板上有七扇圓形的窗戶，分別是紫、靛、藍、綠、黃、橙和紅色。這七個顏色的光透過七扇窗戶照下來，匯聚成一道白光，映照在一張長桌上。

你的乙太議會成員就圍坐在這張桌子旁。你感受到他們的愛。那是一種難以用語言文字形容的愛。看到你如此地努力前來與他們會面，他們對你表達讚賞。你走到桌子旁邊坐下，向他們一一致意。你的心裡有股強烈的感覺，彷彿你已經和他們認識千百年了。你在心裡感應到一個想法，但其實是他們將分別的想法融合為**一個**想法傳送給你。他們跟你提到你手上拿的這本書。他們請你翻開書。你看到內頁是以美麗的草體書寫，內容都跟你的靈魂有關。議會說你隨時可以來圖書館讀這本書。它之所以放在這裡，就是要幫助你。

你看到書裡有很多空白頁，你疑惑地看著議會。你收到的訊息是：這是你這一世尚待書寫的部分。議會請你允許他們在這方面幫助你。他們熱切且樂觀地相信，你們可以共同寫出一個美好的篇章。

議會歡迎你隨時來訪。你感謝他們參與你的生命，並且謝謝他們提醒你，你是光的載具，你在地球是為了把光帶到這個世界。他們讚賞你願意為了造福世人而投胎為人，他們很以你為榮。議會祝福你並提醒你，他們一直與你同在。

你從開啟的桃花心木門飄回圖書館，把你的靈魂之書放回架上。當你沿著大廳的階梯往下飄時，你看到你的光束在花園召喚著你。你進入光束裡，隨著光束穿越空間往下降，直到看到自己的身體安坐在原處。光束將你的意識放回你的身體。

現在，做幾次深呼吸，把注意力放在你的雙腳，把能量往上帶，經過你的身體，一路從頭頂出去。繼續深呼吸，繼續把能量往上帶，直到你的意識完全回到你的身體。感受身體的喜悅。現在你可以睜開眼睛了。

做完這個練習，花點時間消化這趟旅程。你可以靜靜在心裡回顧。當準備好時，拿出你的靈性日誌，把你記得的一切寫下來。你也可以寫下下次前往時打算要問的問題。你可以想回去就回去，那裡隨時歡迎你。那裡並不是陌生地方。那是你真正的家。

你一直都有能力接觸你的指導靈並拜訪你的「乙太議會」。身為靈魂，這是你與生俱來的權利，只是在轉世後被遺忘了。因此你必須自己去尋找方法，而你之所以會看到這些資料，正是因為你的指導靈的引領。在你發現內在力量的旅程中，我希望這本書已發揮了它的助力。

感謝你的閱讀，也謝謝你的指導靈讓你看到這本書。

後記

在撰寫這本書的期間，我做了一件我以為自己絕對不可能會做的事：搭乘熱氣球！在我新居的小鎮，經常可以看到熱氣球從上空飄過。事實上，我經常去購物的那個市場對面的空停車場就是個熱氣球基地。一個個熱氣球在充飽氣後冉冉升空，景象非常壯觀，我一度有嘗試的念頭，但我連搭飛機都不太喜歡了，於是這個念頭很快就被擱置。

後來，我的妹夫麥克打算來家裡過生日。布萊恩想到我們可以請他坐熱氣球，為他慶生，於是我幫我們三個人都報了名。到了那天，在我們準備坐上熱氣球時，駕駛員說的第一句話便是：「我不知道我們會在天上飛多久。我們在升空後會開始找適合降落的地點，但這完全要看風向，由不得我們。」他的話立刻讓我聯想到我們在人世的生命也是如此；我們不知道自己會在這裡待多久，但我們必須跟著風向——或指導靈的引導走。

當我們乘坐的那個五彩繽紛的熱氣球升空時，我深深被一股安靜祥和的氣氛震撼。我原先預期風會很大，但駕駛員說：「如果我們是靜止不動的話，就會感覺風大。但我們是順隨著風移動，所以不會。」我們的右手邊是綿延起伏、屋舍密佈的蒼翠山丘，左手邊則是太平洋。我很驚訝的發現，搭熱氣球看到的景觀跟我在飛機上所見大不相同，也許是因為熱氣球是隨著風的氣流慢慢飄移，而且我們和天空之間沒有壓力艙和窗戶阻隔的緣故。

在開車回家的路上，我們回顧此行的點點滴滴。輪迴轉世與我們這趟熱氣球之旅的類似度開始湧入心裡：我同意離開舒適的家，離開在地面上的安穩生活，參與一個讓我既害怕又興奮的冒險活動。當我爬進熱氣球的籃子（這就像出生），我是在另一個世界，而且不知道自己會在這個世界多久。升空後，我信任駕駛員的專業，把生命交托給他。結果，我原本預期會很顛簸的飛行卻是出乎意料的平穩，因為熱氣球臣服於變化中的氣流，隨著氣流飄移，使得原本看來頗為恐怖的事情成了一次非常愉快的經驗。

當我們降落並爬出籃子時，我們就像「回家」了一般。我們開始慶祝這次旅行，談論我們所學到和經歷的種種，並為自己付諸行動而感到自豪。那位熱氣球的駕駛在開香檳慶祝時這麼說：「謝謝你們參加這次的冒險活動。很高興能擔任你們在天上的嚮導。」

還記得嗎？坐熱氣球的當時，這本書還沒寫完呢！駕駛員的那番話會不會是我的指導靈傳來的美妙訊息，讓我知道，我是走在正確的道路上呢？我相信是的！

謝詞

我要感謝所有在靈界協助我的指導靈，以及所有在人世指引我、支持我的人：Brian Preston、Fortune 一家人、Barry 一家人、Opitz 一家人、Preston 一家人、Mary Ann Saxon, Kelly Dennis, Joerdie Fisher, Joe Skeehan, Jacquie Ochoa-Rosellini, Scott Schwimer, Ron Oyer, Ken Robb, Christian Dickens, Cyndi Schacher, Peggy Fitzsimmons, Kellee White, Tori Mitchell, Mavis Pittilla, Jean Else, Lynn Probert, Tony Stockwell, Marilyn Whall, Jeff Eisenberg, Liz Cooke, Melissa Searing, Chip McAllister, Roberta Kent, Linda Tomchin, Emily Manning 以及 Hay House 出版社的所有工作人員。

宇宙花園 25

指導靈的智慧 —— 認識你的指導靈團隊與連線靈魂導師的實用手冊

Wisdom from Your Spirit Guides: A Handbook to Contact Your Soul's Greatest Teachers

作者：詹姆斯‧范普拉（James Van Praagh）

譯者：蕭寶森

出版：宇宙花園

通訊地址：北市安和路 1 段 11 號 4 樓

e-mail：service@cosmicgarden.com.tw

編輯：張志華

內頁版型：黃雅藍

印刷：鴻霖印刷傳媒股份有限公司

總經銷：聯合發行股份有限公司　電話：(02)2917-8022

初版：2019 年 8 月　二刷：2020 年 11 月

定價：NT$ 320 元

ISBN：978-986-97340-2-8

國家圖書館出版品預行編目（CIP）資料

指導靈的智慧：認識你的指導靈團隊與連線靈魂導師的實用手
冊 / 詹姆斯‧范普拉（James Van Praagh）作；蕭寶森譯.
-- 初版 . -- 臺北市：宇宙花園, 2019.08
　　面；　公分 . --（宇宙花園；25）
譯自：Wisdom from your spirit guides : a handbook to contact
　　　your soul's greatest teachers
ISBN 978-986-97340-2-8（平裝）

1. 超心理學 2. 通靈術 3. 靈修
175.9　　　　　　　　　　　　　　　108012195